食材別さくいん

本書の決まり

・ 小さじは5ml、大さじは 15ml、1カップは 200mlです。
・ しょうゆは「濃口しょうゆ」を
　砂糖は「きび砂糖」を使用しています。
・ 塩は塩味の穏やかな天然塩を使用しています。
　塩味の強い塩をお使いの場合は加減してください。
・ フライパンはフッ素樹脂加工のものを使用しています。

定番おかずを手際よくおいしく作るコツ

料理が身につくお弁当

すみや 角田真秀

PHP研究所

はじめに

私は25歳になるまで、ほとんど料理をしていませんでした。
実家が飲食店を営んでいたにもかかわらず、です。
きっかけは、職場に持っていくお弁当作り。
不器用に作ったお弁当でも、買ってくるご飯より格段においしく感じられて、
料理に熱中するようになりました。
その後実家を手伝うようになり、縁あってケータリングを頼まれることも増え、
お弁当作りは私のライフワークになりました。

この本は、自分のため、家族のために、
お弁当を作る人のお役に立てたらと思って作りました。
毎日のお弁当作りは、大変ですが、やりがいのあること。
朝の忙しさのなか、限られた時間で手際よく小さな献立を作る、
それをくり返すうちに、どんどん料理が自分のものになってくるはずです。

かつての私がそうだったように、
料理に苦手意識のある人にとってはなおさら、
お弁当作りは、料理上手になるチャンスだと思います。

といっても、私が作るお弁当は、ごくごく普通の、
定番的なおかずがほとんど。
お弁当に限らず、普段の料理だって、特別なものはほとんど作りません。
料理は、手をかけるだけ素晴らしいというものでもないし、
いい素材やこだわりの調味料を使わないとおいしくできないわけではない。
ほんの少しの要点を身につけさえすれば、きっと誰だって、
日常のおいしい料理は作れる。
そして、そんな普通のご飯にこそ、家族も自分も安心できると思うのです。
この本が、毎日のお弁当作りに、
そこからはじまるあなたの日常の料理に役立つことができたら、
とてもうれしく思います。

２０１９年春　角田真秀

目次

主菜

鶏の唐揚げ弁当

お魚弁当

三色そぼろ弁当

ソテー弁当

おにぎり弁当

卵

卵焼き

目次

副菜

ゆでて和える

野菜炒め

ポテトサラダ

常備菜

晴れの日

お弁当作りのコツ❶

おかずは「主菜1＋卵1＋副菜1」の3品と決める。

お弁当を作る際、
「何をどう作って、詰めたらいいのかわからない」という人は、
おかずは3品（主菜1＋卵1＋野菜の副菜1）と
決めてしまうのがおすすめ。
忙しい朝に、あれこれ考えながら手を動かすのは難しいもの。
おかずのパターンを決めてしまえば、だいぶ負担が軽くなるはずです。
主菜に少し手をかけたなら、副菜はゆでて和えるだけのもの、
卵は作り置きの煮卵を詰めるなど、
肩の力を抜いてお弁当作りをしてみてください。

右：肉や魚の主菜、卵、野菜の副菜の3品があれば、満足感のあるお弁当になる
左：主菜がボリューミーなら、野菜の副菜を2品にしてバランスをとってもよい

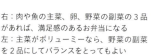

右：１週間の間に、ご飯、たんぱく質、緑黄色野菜などを組み合わせて５色のおかずをまんべんなく食べられることを目指す
左：主菜が塩味なら、副菜をしょうゆ味、酸味の効いたおかずにするなど、１食の中で３つの味を感じられるとバランスがよい

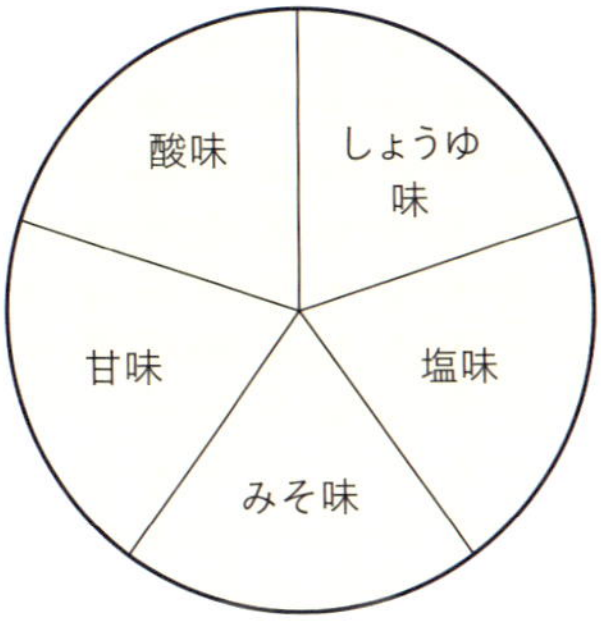

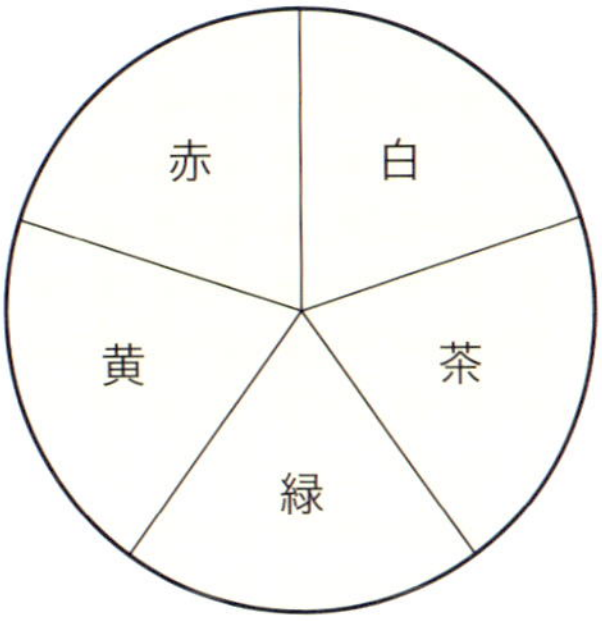

お弁当作りのコツ 2

色・味・食感でバランスをとる。

小さなお弁当箱の中で、栄養と満足感の均衡をとりながら献立を組む……と考えると、これまた難しそう。

気をつけるポイントは、色・味わい・食感の３つ。

1食のお弁当の中に、5色の色合いのうち3色程度が、5つの味のうち3つがあればＯＫ。

さらに食感がやわらかいものばかり、かたいものばかりに偏っていなければ、十分バランスのとれたお弁当になっているはずです。

また、1食で完全な栄養をとろうとは考えず、「昨日は野菜が少なかったから、今日は野菜を多めに入れよう」などと、数日単位で調整していけばいいと思います。

お弁当作りのコツ❸

便利な調味料・道具を活用する。

お弁当は、朝の忙しいときに作るもの。
主菜も副菜もそれぞれに味つけをするのは、
正直、手間がかかります。そこで頼りになるのが、
ひとふりで味や風味をつけられるゆかりや塩昆布、
のりやゆずこしょうなどの食材。
さらに、かつおぶしやすりごまは、おいしいだけでなく、
お弁当の大敵である水気を吸うメリットもあります。
また、少量を効率よく料理するためには、
小さな調理器具をいくつかそろえると、
思った以上にお弁当作りが楽になります。

右：お弁当に便利な食材。上から時計回りにかつおぶし、のり、ゆかり、塩昆布、ゆずこしょう、カレー粉、ごま（黒・白）
左：少量調理には、直径12～16cm程度のフライパンや鍋、ボウルやザルがあると省エネになり、洗い物も楽になる

右：上から時計回りにレモン、酢、しょうが、大葉、梅干し。抗菌効果があり、おかずに使うとお弁当全体の防腐に役立つ
中：夏場は梅干しを入れてご飯を炊くと安心。塩麹でもよく、その場合は米１合に大さじ１を目安に。いずれも味に大きく影響しない
左：除菌スプレーや除菌シートなど便利なグッズは積極的に活用を。どれも口に入れられる素材でできているので安全

お弁当作りのコツ❹

衛生管理は入念に。

お弁当の心配は、時間が経つことで生じる〝傷み〟。
これを防ぐには、お弁当を完全に冷ましてから
ふたをすることです。
調理前に手や調理道具に除菌スプレーをかけるなども
基本的な対策です。
さらに梅干しや酢、大葉やしょうがなど、
防腐効果のある食材をうまく取り入れて
おかずを作ることも、ひとつのアイデア。
夏場など、傷みがとくに心配される時期は
保冷剤を当てたり、お弁当に除菌シートをのせるなど、
よりいっそうの注意を払いましょう。

主菜

メインのおかずは、
ご飯がすすむ食べ応えのあるものを選びます。
時間が経ってもおいしいように、
ちょっとした下ごしらえをしておくなど、
単純に味を濃くするのではない、
お弁当ならではの秘訣をお伝えします。

鶏の唐揚げ弁当

下味には、おいしさと共に肉汁を保つ効果を持たせます

身につくコツ

お弁当で人気のおかずといえば唐揚げ。家では揚げたてを食べられるので、少々、味がぼやけていてもおいしく感じますが、冷めると味気なく感じてしまうことも。そこで注目したいのは下味です。肉に味をしっかりつけることで、冷めてもおいしい唐揚げに仕上げます。ポイントとなるのは砂糖。保水効果があるため、お肉のジューシーさを長く保てるのです。また、下味に卵を加えることで、衣にふんわりボリュームが出て、満足感が得られます。ここまでを前日の夜にやっておけば、朝は粉をまぶして揚げるだけ。粉を後づけにすることで表面はサクサク、中はジューシーな唐揚げが実現。お弁当にも夕飯の一品にも人気の唐揚げが、この方法でおいしく簡単に作れます。

みんな大好きな唐揚げ。
基本はにんにくを効かせたしょうゆ味。

基本のしょうゆ唐揚げ

材料（1人分）

鶏もも肉　100g

A

しょうゆ　小さじ2
酒、砂糖　各小さじ1
にんにく（つぶす）　1かけ
溶き卵　½個分

小麦粉　大さじ2
揚げ油　適量

❶　鶏もも肉は余分な脂や筋を取り除き、3～4等分に切る。（**a**）
❷　**A**を合わせたボウルに①を入れてもみ込む。冷蔵庫に入れ、30分以上漬ける（前日に漬けて一晩おいてもよい）。（**b**）
❸　②の鶏肉に小麦粉をまぶす。
❹　フライパンに深さ1.5cmほどの油を注ぎ、中火にかけて温める。170℃程度に温まったら（衣を落として、ジュッと音がするのが目安）、③を入れる。（**c**）
❺　途中、1～2度返しながら4分ほど揚げる。（**d**）

あっさり塩味の唐揚げは、
サクサクと軽やかな片栗粉の衣で。

塩唐揚げ

材料（1人分）
鶏もも肉　100g
塩　小さじ½
こしょう　適量
A
酒、砂糖、レモンの搾り汁　各小さじ1
しょうが、にんにくのすりおろし　各½かけ分
溶き卵　½個分
片栗粉　大さじ2
揚げ油　適量

❶　鶏もも肉は余分な脂や筋を取り除き、3～4等分に切る。塩、こしょうをもみ込む。
❷　**A**を合わせたボウルに①を入れてもみ込む。冷蔵庫に入れ、30分以上漬ける（前日に漬けて一晩おいてもよい）。
❸　②の鶏肉に片栗粉をまぶす。
❹　フライパンに深さ1.5cmほどの油を注ぎ、中火にかけて温める。基本のしょうゆ唐揚げと同様に揚げる。

さっぱりむね肉は、甘酢をからませれば
満足感がアップします。

むね肉の甘酢唐揚げ

材料（1人分）
鶏むね肉　100g
塩　ふたつまみ
A
│しょうがのすりおろし　½かけ分
│砂糖、酒　各小さじ1
│溶き卵　½個分
小麦粉　大さじ2
揚げ油　適量
B
│しょうゆ　小さじ2
│砂糖　小さじ1½
│酢、酒　各小さじ1

❶　鶏むね肉は3～4等分のそぎ切りにして、塩をもみ込む。
❷　**A**を合わせたボウルに①を入れてもみ込む。冷蔵庫に入れ、30分以上漬ける（前日に漬けて一晩おいてもよい）。
❸　②の鶏肉に小麦粉をまぶす。
❹　フライパンに深さ1.5cmほどの油を注ぎ、中火にかけて温める。基本のしょうゆ唐揚げと同様に揚げる。
❺　小鍋に**B**を合わせ、温めて甘酢を作る。④を入れて甘酢をからませる。

後味のほのかな酸っぱさが、
アクセントになります。

酢唐揚げ

材料（1人分）
鶏もも肉　100g
A
│しょうゆ　小さじ2
│酢、砂糖、酒　各小さじ1
│しょうがのすりおろし　½かけ分
│溶き卵　½個分
小麦粉　大さじ2
揚げ油　適量

❶　鶏もも肉は余分な脂や筋を取り除き、3～4等分に切る。
❷　**A**を合わせたボウルに①を入れてもみ込む。冷蔵庫に入れ、30分以上漬ける（前日に漬けて一晩おいてもよい）。
❸　②の鶏肉に小麦粉をまぶす。
❹　フライパンに深さ1.5cmほどの油を注ぎ、中火にかけて温める。基本のしょうゆ唐揚げと同様に揚げる。

お魚弁当

余分な水分を取り除き、
くさみなく、クリアに仕上げます

身につくコツ

魚をお弁当にする難点は、くさみが気になってしまうこと。そこで、きちんと塩をふって、においの元となる水気をしっかりとふき取る、ちょっとした下ごしらえが効果を発揮します。また、塩をふって水分を出すことは、味つけの点でもメリットがあります。余計な水分が残っていると、そのあとにいくら調味料をからめても、味が薄まりぼんやりしてしまいますが、水分がほどよく出されて身のしまった魚は、味わいがクリアになるのです。今回は、塩をふって水分を出す方法のほか、風味の強いレモン汁や酢、みそなどを使った方法も紹介。さらに、どのレシピにも、しょうがや柑橘、バターやカレー粉など、くさみ取りと同時においしい風味をのせる食材をプラスしました。

漬け汁だけでなく仕上げにも、
レモンのさわやかな香りをのせて。

鮭の幽庵《ゆうあん》焼き

材料（1人分）
生鮭の切り身　1枚
A
しょうゆ　大さじ1
酒、みりん、レモンの搾り汁
各大さじ½
サラダ油　小さじ2
レモンの搾り汁　小さじ1

❶ ポリ袋に鮭と**A**を入れてもみ込み、冷蔵庫で一晩漬ける。(a)
❷ フライパンに油を入れて熱する。汁気をきった①の鮭を皮目から入れ、弱めの中火で焼き色がつくまで焼く。
❸ 皮の部分はフライパンのへりに押しつけるようにしてこんがりと焼く。(b)
❹ 裏返してさらに2〜3分焼き、バットなどにとる。熱いうちに仕上げのレモン汁をかける。(c)

a

b

c

しょうがの香る煮汁を照りよくからめて、
こっくりした味わいに。

ぶりの照り焼き

材料（1人分）

ぶりの切り身　1枚

塩　ひとつまみ

A

- 酒、しょうゆ、みりん　各大さじ1
- しょうがの搾り汁　½かけ分

サラダ油　小さじ2

❶　ぶりに塩をふって10分ほどおく。出てきた水分をキッチンペーパーでふき取る。

❷　フライパンに油を入れて熱し、①を皮目から中火で焼く。焼き色がついたら返し、合わせた**A**の調味料を加え、煮詰めるようにからませながら焼いて味をなじませる。

じんわり染み込んだみそ味は、
簡単なのにひと手間かけたおいしさ。

さわらのみそ漬け焼き

材料（1人分）
さわらの切り身　1枚
A
｜みそ、酒、みりん　各大さじ1
サラダ油　小さじ2

❶ さわらは表面の水分をキッチンペーパーでふき取る。
❷ **A**を合わせ、①の表面に薄く塗ってラップに包み、冷蔵庫で6時間ほど漬けおく。
❸ キッチンペーパーでみそを軽くぬぐう。
❹ フライパンに油を入れて熱し、③を皮目から弱火で焼く。焼き色がついたら返し、両面を色よく焼く。

下ごしらえなしの手軽な煮魚。
さっぱりとしたおいしさです。

鮭の酢煮

材料（1人分）
塩鮭切り身（甘塩）　1枚
しょうがの薄切り　2枚
A
｜酢　100ml
｜砂糖　大さじ1

❶ 鍋に**A**を入れ、中火にかける。沸いたら弱火にし、鮭を加える。しょうがを上にのせ、6分煮る。

魚

山椒のひと振りで大人の味わい。
バターの風味も添えました。

鮭の山椒みそ焼き

材料（1人分）

生鮭の切り身　1枚

A

- みそ　小さじ2
- 砂糖　小さじ½
- 粉山椒　少々

バター　小さじ2

❶ 鮭は表面の水分をキッチンペーパーでふき取る。

❷ **A**を合わせ、①の表面に薄く塗ってラップに包み、冷蔵庫で6時間ほど漬けおく。

❸ キッチンペーパーでみそを軽くぬぐう。

❹ フライパンにバターを入れて弱火にかけ、③を皮目から焼く。焼き色がついたら返し、両面を色よく焼く。

時には、洋風の魚のおかず。
にんにくの香りが食欲を誘います。

かじきのカレー風味

材料（1人分）
かじきまぐろの切り身　1枚
塩　ふたつまみ
にんにく　1かけ
カレー粉　ふたつまみ
酒　大さじ1
オリーブオイル　大さじ1

❶　かじきに塩ひとつまみをふって10分ほどおく。出てきた水分をキッチンペーパーでふき取る。にんにくは包丁の背でつぶし、芽を取り除く。
❷　①のかじきに残りの塩とカレー粉をまぶす。
❸　フライパンにオリーブオイルとにんにくを入れ、弱めの中火にかける。にんにくの香りがしてきたら、②を入れる。焼き色がついたら返し、酒を加え中まで火を通す。

バターを焦がさず、かじきにからめて。
これが、まろやかさの秘密。

かじきの
バターしょうゆソテー

材料（1人分）
かじきまぐろの切り身　1枚
塩　ひとつまみ
バター　15g
しょうゆ　小さじ2
こしょう　少々

❶　かじきに塩をふって10分ほどおく。出てきた水分をキッチンペーパーでふき取る。
❷　フライパンにバターを入れて中火で焦がさないように溶かす。①を入れ、焼き色がついたら返し、両面を色よく焼く。しょうゆをからませ、仕上げにこしょうをふる。

三色そぼろ弁当

鍋で炒め煮してふっくらと。
隠し味で、傷みを防止

身につくコツ

おいしいそぼろの条件は、しっとりふっくら仕上げること。「そぼろがパサパサになってしまう」という声をよく聞きますが、それは、選ぶ鍋を間違えているからかもしれません。ひき肉に火を通すというと、つい、フライパンを手に取ってしまいがちですが、そぼろは本来、鍋で作るもの。表面積の大きいフライパンを使うと、一気に水分が蒸発して、ひき肉に味が入る前にパサパサに乾いてしまうのです。また、そぼろに関しては〝水分〟の扱いが重要。煮汁を煮詰めすぎるとパサついておいしさが半減しますが、お弁当の場合は水分を残すと傷みが心配。そこでぜひ活用したいのが、しょうがやみそ、にんにくなどの防腐効果のある、そして風味のよい食材です。

しょうがの香りを漂わせて、
しっとりと仕上げました。

基本の鶏そぼろ

材料（1人分）

鶏ももひき肉　100g

A

- しょうがの搾り汁　大さじ½
- しょうゆ　小さじ2
- みりん　小さじ1
- 砂糖　小さじ½

サラダ油　小さじ1

❶　鍋に油を熱し、鶏ひき肉を入れる。すぐに菜箸4本を使って混ぜ続け、ぽろぽろとほぐすように中火で炒める。(**a**)

❷　肉の色が変わったら**A**を加えてさらに混ぜ続け（**b**）、うっすら煮汁が残る程度まで煮詰めるように炒める。（**c**）

いつものそぼろに飽きたなら、
みそベースで味わいを変えて。

鶏そぼろみそ味

材料（1人分）
鶏ももひき肉　100g
A
酒　大さじ1
みそ　小さじ1½
砂糖　小さじ1
サラダ油　小さじ1

❶ 鍋に油を熱し、鶏ひき肉を入れる。すぐに菜箸4本を使って混ぜ続け、ぽろぽろとほぐすように中火で炒める。
❷ 肉の色が変わったら、**A**を加えてよく混ぜ合わせる。煮汁がなくなってきたところで火を止める。

マヨネーズ＋にんにくじょうゆで、
パンチを効かせた魚系そぼろ。

さば缶そぼろ

材料（1人分）

さば水煮缶　½缶（80～90g）
にんにくじょうゆ（p.90参照）
　小さじ1
マヨネーズ　小さじ2

❶　鍋にさば水煮を崩しながら入れ、火にかけてすぐに菜箸4本を使って混ぜ続け、ぽろぽろとほぐすように中火で炒める。

❷　パラッとしてきたら、にんにくじょうゆとマヨネーズを加え、手早く混ぜる。

菜箸でしっかり混ぜるほど、
ふわふわ細やかな食感に。

卵そぼろ

材料（1人分）

卵（Lサイズ）　1個
砂糖　小さじ1
塩　ふたつまみ
サラダ油　小さじ2

❶　油以外の材料をボウルに入れ、混ぜ合わせる。

❷　鍋に油を熱し、①を流し入れる。すぐに菜箸4本を使って混ぜ続け、ぽろぽろとほぐすように中火で炒める。

フライ弁当

3つのルールさえ覚えれば、薄く均一な衣がつけられます

身につくコツ

おいしいフライの条件は、衣が薄く均一についていること。実は、コツを一度覚えてしまえば、どの素材でも上手に衣をつけられるようになります。まず、素材の表面の水分をふき取ること。これにより、衣の〝土台〟である小麦粉が、まだらになることなくつけられます。そして、卵をよく溶きほぐすこと。白身がかたまりで残らないよう、しっかり混ぜます。最後のパン粉ですが、初心者はサラサラの粒子の細かいドライタイプを選びましょう。しっとりした生パン粉よりも、簡単にムラなく、まとわせることができます。さらに、つい、揚げものを敬遠しがちな理由は、油の量。これも、お弁当程度の量であれば、小さなフライパンで、少しの油を使う〝揚げ焼き〟で十分です。

衣に味をひそませたから、ソースいらず。
お弁当ならではのひと品。

ヒレカツ

材料（1人分）
豚ヒレ肉（ブロック）　100g
塩、こしょう　各少々
【溶き衣】
A
｜溶き卵　½個分
｜ケチャップ、中濃ソース　各大さじ½
小麦粉　大さじ2
パン粉　適量
揚げ油　適量

❶　豚ヒレ肉は1cm厚さに切り、表面の水分をキッチンペーパーでふき取る。塩、こしょうをまぶす。
❷　Aをしっかりと混ぜ合わせて溶き衣を作る。
❸　①の肉に、小さなザルや茶こしを使って小麦粉をふるいながらまぶす（a）。余分な粉をはたき落とす。
❹　③を②の溶き衣にくぐらせ、全体にパン粉をまぶす。（b）
❺　フライパンに深さ1.5cmほどの油を注ぎ、中火にかけて温める。180℃程度に温まったら（パン粉を落とすと、途中まで沈んで浮き上がるのが目安）、④を入れる。（c）
❻　途中、1～2度返しながら4分ほど揚げる。（d）

火の通りやすいえびは、
尻尾が赤くなったら引き上げどきです。

えびフライ

材料（1人分）

えび（殻つきのもの）　3尾
溶き卵　½個分
小麦粉、パン粉、塩、
　こしょう、揚げ油　各適量

❶　えびは殻をむき、背中に包丁で切り込みを入れて背わたを取り除く。ボウルに入れて塩ひとつまみをまぶし、流水で洗ってくさみを取る。キッチンペーパーで水気をふき取る。

❷　①に塩、こしょうをして、小麦粉、溶き卵、パン粉の順に衣をつける。

❸　フライパンに深さ1.5cmほどの油を注ぎ、中火にかけて温める。180℃程度に温まったら、②を色よく揚げる。

梅干しと大葉の風味がポイントの、
サクサクさっぱりフライ。

梅しそミルフィーユカツ

材料（1人分）
豚ロース薄切り肉　2枚
梅干し（叩いてペースト状にする）
　1個分
大葉　2〜3枚
溶き卵　½個分
塩、小麦粉、パン粉、
　揚げ油　各適量

❶　豚肉は、縮まないように脂と肉の間に切り込みを入れて筋切りし、軽く塩をする。1枚に梅干しを塗り、大葉をのせ、もう1枚ではさむ。
❷　①に小麦粉、溶き卵、パン粉の順に衣をつける。
❸　フライパンに深さ1.5cmほどの油を注ぎ、中火にかけて温める。180℃程度に温まったら、②を色よく揚げる。

揚げているうちに流れ出ないよう、
とろけないタイプを使います。

ささみチーズカツ

材料（1人分）
鶏ささみ肉　2本
スライスチーズ（とろけないタイプ）
　2枚
溶き卵　½個分
小麦粉、塩、揚げ油　各適量

❶　鶏ささみ肉は白い筋の両側に浅く切り込みを入れ、筋の先端をつまみ、包丁で身を押さえて筋を上下に動かしながら取り除く。厚さが半分になるように切り込みを入れ、軽く塩をして、ちぎったスライスチーズをはさんで閉じる。
❷　①の表面の水気をキッチンペーパーでふき取り、小麦粉、溶き卵、パン粉の順に衣をつける。
❸　フライパンに深さ1.5cmほどの油を注ぎ、中火にかけて温める。180℃程度に温まったら、②を色よく揚げる。

ミートボール弁当

ミートボールは作り置き。
大量にゆでて、冷凍保存

身につくコツ

ミートボールほど、家庭によって作り方がさまざまなものはないかもしれません。我が家は、「ゆでる」が基本でしたが、中には「揚げる」という人も。お弁当は、おいしさと同時に手軽さも必要ですから、今回は手軽な〝ゆでる〟のレシピを紹介します。私が作っているのは、ふんわり仕上がる、卵と片栗粉入り。つなぎを使わないタイプもお肉の味が濃くておいしいのですが、口に入れたときに調味料とうまくなじまないので、少ない量で満足感を得たいお弁当には、やわらかめがおすすめ。また、特徴としては粉チーズを使うこと。これは味つけというよりもコク出しの感覚です。ミートボールはアレンジもしやすいので、多めに作って冷凍しておけば、お弁当作りの強い味方になります。

お弁当に、夕飯に、基本のミートボールを冷凍しておくと安心です。

ケチャップ味のミートボール

材料

【基本のミートボール】（作りやすい分量）
牛豚合びき肉　400g
玉ねぎのみじん切り　1個分
卵　1個　　粉チーズ　大さじ3
片栗粉　大さじ2

【ケチャップ味のミートボール】（1人分）
基本のミートボール（冷凍）　4個
ケチャップ　小さじ1
しょうゆ　少々
サラダ油　小さじ1

❶　ボウルに基本のミートボールの材料をすべて入れ、粘りが出るまでよく混ぜ合わせる。（a）
❷　鍋に湯を沸かす。手を水で濡らし、①を直径3cm程度に丸め（b）、湯に入れる。ミートボールが浮かび、さらに少し動き始めたら、引き上げる。（c）
❸　粗熱が取れたら（d）、ジッパーつき保存袋などに入れ、冷凍する。

【ケチャップ味に仕上げる】
❹　ミートボールは前の晩に冷蔵庫に移して解凍しておく（朝、電子レンジで解凍してもよい）。フライパンに油を入れて中火で熱し、ミートボールを炒める。火を止めてケチャップとしょうゆを加え、なじませる。

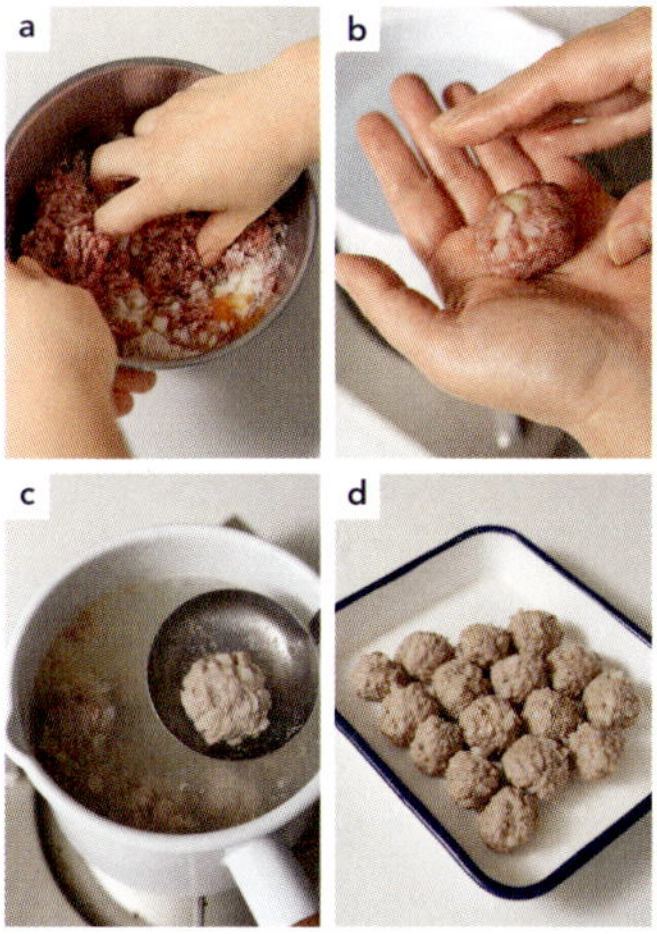

油で一度炒めることで、
ほどよいコクがプラスされます

照り焼きミートボール

材料（1人分）
ミートボール（冷凍） 4個
A
しょうゆ 大さじ½
みりん、酒、砂糖 各大さじ½
サラダ油 小さじ1

❶ ミートボールは前の晩に冷蔵庫に移して解凍しておく（朝、電子レンジで解凍してもよい）。
❷ フライパンに油を入れて中火で熱し、ミートボールを炒める。**A**を加えて全体に味をからませる。

マスタードの酸味がポイントの、
食べ応えあるミートボール。

マスタードマヨミートボール

材料（1人分）
ミートボール（冷凍）　4個
A
｜マヨネーズ　小さじ1
｜粒マスタード　小さじ1
｜牛乳　小さじ1
サラダ油　少々

❶　ミートボールは前の晩に冷蔵庫に移して解凍しておく（朝、電子レンジで解凍してもよい）。
❷　フライパンに油を入れて中火で熱し、ミートボールを炒める。**A**を加えて全体に味をからませる。

甘酢あんは一度しっかり沸かすと、
とろみが持続します。

甘酢あんのミートボール

材料（1人分）
ミートボール（冷凍）　4個
A
｜酢、しょうゆ、砂糖　各大さじ½
｜水　40ml
片栗粉　小さじ1
水　小さじ2

❶　ミートボールは前の晩に冷蔵庫に移して解凍しておく（朝、電子レンジで解凍してもよい）。
❷　鍋に**A**を入れて中火にかけ、砂糖を溶かす。沸いたら分量の水で溶いた片栗粉を加え、とろみがついたらミートボールを入れて温める。

肉巻き弁当

華やかなのに手軽なおかず。
巻き込む具は、手間なしで

身につくコツ

お弁当のふたを開けたとき、華やかな印象のおかずが目に入ると、心弾むものです。中でも肉巻きは、手をかけた印象になるので、ぜひレパートリーに加えてほしいおかず。実は見た目よりも作り方は簡単。とくに今回は、朝、思い立ったときに作れるように、巻き込む具は味つけも下ゆでもなく、手軽にできるものだけに絞って紹介します。調理の際に気をつけるのは、巻き終わりを下にして焼き始めることだけ。はじめにしっかりつなぎ目をくっつければ、あとはフライパンの中でコロコロ転がせばOKです。ちなみに、肉巻きというおかず、中身はほぼ野菜ですから、食べたあとはお腹も軽やか。それでいて、「お肉を食べた！」という満足感があるのもいいところです。

えのきを巻き込んだヘルシー主菜。
その歯ごたえを楽しんで。

豚きのこ巻き

材料（1人分）
豚バラ薄切り肉　60g
えのきだけ　⅓袋（60～70g）
塩　ひとつまみ
A
酒　大さじ1
しょうゆ　小さじ2
砂糖　小さじ1
サラダ油　小さじ1

❶　豚肉を広げ、幅が狭いようなら2枚重ねて幅が4～5cmになるようにする。
❷　①に塩をふり、手前にえのきだけを¼量ずつのせて巻く。（a）
❸　フライパンに油を入れて中火で熱し、②を巻き終わりを下にして焼く。巻き終わりがしっかりとくっついたら、転がしながら焼く。（b）
❹　全体に焼き色がついたら、油をキッチンペーパーでふき取り、**A**を加えて汁気がなくなるまで煮からめる。（c）

ズッキーニの軽やかな食感に、
さわやかなレモンが好相性。

豚ズッキーニ巻き

材料（1人分）
豚もも薄切り肉　4枚
ズッキーニ　⅓本
オリーブオイル　小さじ2
レモンの搾り汁　小さじ1
塩　ふたつまみ
こしょう　少々

❶　ズッキーニは縦4つ割りにする。
❷　豚肉を広げて塩、こしょうをふり、ズッキーニを巻く。
❸　フライパンにオリーブオイルを入れて中火で熱し、②を巻き終わりを下にして焼く。巻き終わりがしっかりとくっついたら、転がしながら焼く。
❹　全体に焼き色がついたら火を止め、レモン汁をかけてからめる。

甘くほろ苦いグレープフルーツは、
豚肉との相性がいいのです。

豚グレープフルーツ巻き

材料（1人分）

豚もも薄切り肉　4枚
塩　ひとつまみ
グレープフルーツ　2房
A
｜しょうゆ、みりん　各小さじ1
サラダ油　小さじ1

❶　グレープフルーツは薄皮をむく。
❷　グレープフルーツの幅に合わせて豚肉2枚を重ねる。塩をふり、グレープフルーツをのせて巻く。
❸　フライパンに油を入れて中火で熱し、②を巻き終わりを下にして焼く。巻き終わりがしっかりとくっついたら、転がしながら焼く。
❹　全体に焼き色がついたら、**A**を加えて汁気がなくなるまで煮からめる。

アスパラの青々したおいしさを
シンプルな調味で味わいます。

牛アスパラ巻き

材料（1人分）

牛もも薄切り肉　3枚
アスパラガス　1本
塩　ふたつまみ
こしょう　少々
オリーブオイル　小さじ2

❶　アスパラガスは根元のかたいところを手で折る。
❷　牛肉を広げて塩、こしょうをふり、アスパラガスを穂先だけが出るように斜めに巻く。
❸　フライパンにオリーブオイルを入れて中火で熱し、②を巻き終わりを下にして焼く。巻き終わりがしっかりとくっついたら、転がしながら焼く。

見た目よりはずっと簡単。
ラップはきっちり巻けば失敗なし。

鶏ロール

材料（作りやすい分量）

鶏もも肉　1枚（300g）
にんじん（縦に）　¼〜⅙本
いんげん　2本
塩　小さじ½＋大さじ1

❶　にんじんは1cm角の棒状（4本程度）に切る。いんげんは端を切り落とす。

❷　鶏もも肉は余分な脂肪を取り除き、皮目を下にして、横長におく。縦に2cm間隔で切れ目を入れて筋を切り、塩小さじ½をふる。

❸　②の肉の横幅に合わせていんげん、にんじんを並べ、手前からできるだけ隙間があかないように巻く。ラップで二重に包む。

❹　鍋にたっぷりの湯を沸かし、塩大さじ1を入れる。③を入れ、湯から出ないようにしながら中火で20分ゆでる。鍋の中で冷まし、粗熱が取れたら冷蔵庫で保存する。

淡白なささみは、
チーズを巻き込んでボリュームアップ。

のりチーズささみロール

材料（1人分）

鶏ささみ肉　2本
焼きのり　8つ切り2枚
スライスチーズ（とろけないタイプ）　2枚
塩　ふたつまみ
サラダ油　小さじ2

❶　ささみは筋を取り、開いて（p.31参照）塩をふる。
❷　ささみを横長におき、のりとちぎったスライスチーズをのせて巻く。
❸　フライパンに油を入れて中火で熱し、②を巻き終わりを下にして焼く。巻き終わりがしっかりとくっついたら、転がしながら焼く。

ベーコンの塩気と、弾けるトマトの
甘酸っぱさがベストバランス。

トマトベーコン巻き

材料（1人分）

ミディトマト　2個
ベーコン（スライス）　2枚
塩　ひとつまみ
オリーブオイル　小さじ1

❶　トマトはヘタを取り、ベーコンを巻いて塩をする。
❷　フライパンにオリーブオイルを入れて中火で熱し、①を巻き終わりを下にして焼く。巻き終わりがしっかりとくっついたら、転がしながら焼く。

のっけ弁当

うまみたっぷりの汁気を、
とろみに変えて逃さずに

身につくコツ

朝、時間がないときに助かるのが、肉と野菜を一緒に調理できてボリューム感も出せる、のっけ弁当。手早くできるのはいいのですが、時間が経つと汁気が出てきておいしさが半減し、傷みも心配になります。しかしながら、汁気を完全に飛ばすのは時間がかかるうえ、全体にパサついてしまうため、それはそれでおいしくはないのです。そこでおすすめなのが、小麦粉や片栗粉を使って、汁気をとろみに変える方法。おいしいとろみが素材にからんで、味わい深さも増します。とはいえ、ときにはとろみをつけたくない料理もあります。そんなときは、水分をしっかりと吸う素材を使うのもアイデア。たとえば、なすを使うことで、おいしい汁気をたっぷりと吸わせてしまうのです。

味のポイントは、隠し味のケチャップ。
ほのかな酸味が残ります。

豚しょうが焼き

材料（1人分）

豚こま切れ肉　120g
玉ねぎ　¼個
小麦粉　大さじ½
サラダ油　小さじ2

A

しょうがのすりおろし　½かけ分
しょうゆ　小さじ2
トマトケチャップ、酒、みりん
　各大さじ½

❶　ボウルに豚肉を入れ、小麦粉をまぶしつける。合わせた**A**を加えてなじませる（**a**）。玉ねぎはくし形切りにする。

❷　フライパンに油を入れて中火で熱し、玉ねぎを炒める。しんなりしたら①の豚肉を加える。汁気がなくなるまで炒め合わせる。（**b**）

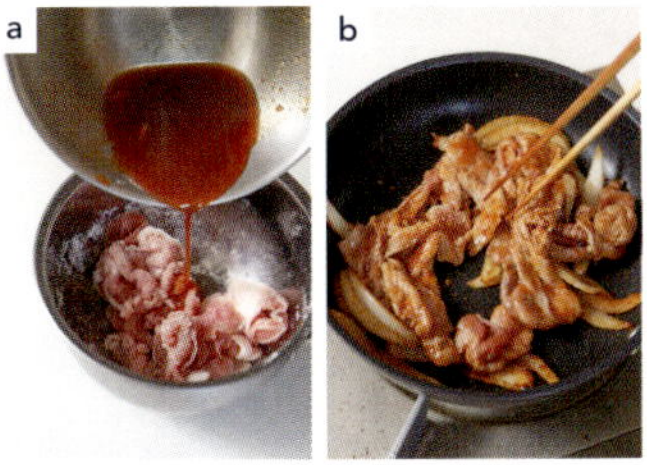

しっとりおいしい秘密は、
煮汁をしっかり含ませること。

牛丼風

材料（1人分）

牛バラ肉　80g
玉ねぎ　¼個
小麦粉　小さじ1

A

砂糖　小さじ1
しょうゆ　大さじ1強
みりん　大さじ1
水　50～70ml

❶　玉ねぎは薄切りにする。牛肉に小麦粉をまぶす。

❷　鍋に**A**を入れて中火にかけ、沸いたら玉ねぎを加えて煮る。

❸　玉ねぎがしんなりしたら、牛肉を加え、煮汁がやや残るくらいまで煮る。

うまみたっぷりの汁気を吸い込んだ
なすが、たまらないおいしさ。

なすとピーマン、鶏のみそ炒め丼

材料（1人分）
なす　1本
ピーマン　1個
鶏もも肉　80g
A
｜酒、みそ、砂糖　各大さじ1
ごま油　大さじ½

❶　鶏肉は一口大に切る。なすは縦半分に切り、乱切りにする。ピーマンは乱切りにする。**A**は合わせておく。
❷　フライパンにごま油を入れて中火で熱し、鶏肉を炒める。鶏肉の色が変わったら、なすとピーマンを加える。なすにしっかりと油が回ったら、**A**を加えてからめるように炒める。

オイスターソースとナンプラーで、
手軽にエスニック。

ガパオ風炒め丼

材料（1人分）
牛豚合びき肉　100g
玉ねぎ　½個
ピーマン　½個
パプリカ　¼個
小麦粉　小さじ1
A
｜オイスターソース、ナンプラー
｜　各小さじ1½
｜砂糖　小さじ1　　水　50ml

❶　玉ねぎ、パプリカ、ピーマンは1cm程度の角切りにする。ひき肉に小麦粉を混ぜておく。
❷　鍋に**A**を入れて中火にかけ、沸いたら玉ねぎを入れ、透き通ってくるまで煮る。
❸　ピーマン、パプリカ、ひき肉を加えて、煮汁がやや残るくらいまで煮る。

ソテー弁当

ジューシーに仕上げるコツは
アルミホイル使いです

身につくコツ

1枚肉をおいしく焼き上げるのは、なかなか難しいものです。とくに、すべてをフライパンの中で済ませようと思うと、火を通しすぎてかたくなりがち。そんな失敗をすることなく、誰でもおいしく1枚肉を焼くために覚えたいルールがいくつかあります。まず、焼く前に肉を冷蔵庫から出し、常温に戻す時間を設けること。冷たいまま焼き始めると肉が縮むうえに、レシピ通りに焼いても中心まで火が通りません。さらに、火入れは表裏7：3を意識。鶏肉なら、厚さの半分まで白く色が変わったら、7割ほど火が通った目安です。そして大切なのがアルミホイル使い。焼き上がりをアルミホイルで包むと、やわらかな余熱で中心部までジューシーなまま、火を入れられるのです。

しっとりと焼き上げた鶏肉に、
煮汁をとろりとからませて。

鶏の照り焼き

材料（1人分）

鶏もも肉　150g

A

しょうゆ　大さじ1½
砂糖、みりん　各小さじ2

サラダ油　小さじ2

❶　鶏肉は焼く30分前に冷蔵庫から出し、常温に戻す。厚いところに切り込みを入れて開くようにし、厚さをなるべく均等にする。（a）

❷　フライパンに油を熱し、①の鶏肉を皮目から入れて中火で焼く。およそ下半分の色が白く変わって火が通ったら（b）、返して弱火にし、裏面も3分ほど焼く。

❸　②を取り出し、熱いうちにアルミホイルで包み、5分おく。（c）

❹　フライパンに**A**を入れて火にかけ、沸いたら火を止める。アルミホイルから出した③の鶏肉を加え、さっとからませる。

a

b

c

甘辛味に、レモンのさわやかさを
プラスして軽やかに。

鶏もも肉のマリネ焼き

材料（1人分）

鶏もも肉　150g
塩　ふたつまみ
黒こしょう　少々
A
　はちみつ　大さじ1
　しょうゆ　小さじ1½
　レモンの搾り汁　小さじ1
オリーブオイル　小さじ2

❶ 鶏肉は焼く30分前に冷蔵庫から出し、常温に戻す。厚いところに切り込みを入れて開くようにし、厚さをなるべく均等にする。両面に塩、こしょうをふる。

❷ ポリ袋に**A**と①を入れ、軽くもみ込んで10分ほどおいてマリネする（前日に漬けて冷蔵庫で一晩おいてもよい）。

❸ フライパンにオリーブオイルを熱し、汁気をきった②の鶏肉を皮目から入れて中火で焼く。およそ下半分の色が白く変わって火が通ったら返して弱火にし、裏面も3分ほど焼く。

❹ ③を取り出し、熱いうちにアルミホイルで包み、5分おく。

❺ フライパンにマリネ液の残りを入れて火にかけ、沸いたら火を止める。アルミホイルから出した④の鶏肉を加え、さっとからませる。

豪華な牛ステーキをお弁当に。
時間が経ってもジューシーです。

牛もも肉のステーキ

材料（1人分）

牛もも肉ステーキ用　1枚（150g）
塩　ひとつまみ
黒こしょう　少々
オリーブオイル　小さじ2
バター、しょうゆ　各小さじ2

❶　牛肉は焼く30分前に冷蔵庫から出し、常温に戻す。両面に塩、こしょうをふる。
❷　フライパンにオリーブオイルを熱し、牛肉を入れて強火で1分ほど焼く。裏返してさらに30～45秒焼く。
❸　②を取り出し、熱いうちにアルミホイルで包み、5分おく。
❹　②のフライパンにバターとしょうゆを加えてさっと火を通す。
❺　③を食べやすい大きさに切り、④のソースをかける。

きちんと筋切りすれば、
1枚肉ならではのボリューム感をキープ。

ポークソテー

材料（1人分）

豚ロース肉とんかつ用　150g
塩　ひとつまみ
黒こしょう　少々
オリーブオイル　小さじ2
レモンの搾り汁　小さじ2

❶　豚ロース肉は焼く30分前に冷蔵庫から出し、常温に戻す。縮まないように脂と肉の間に切り込みを入れて筋切りし、塩、こしょうをふる。
❷　フライパンにオリーブオイルを熱し、①の豚肉を入れて中火で2分ほど焼く。下半分が白くなったら返して弱火にし、さらに1分ほど焼く。
❸　②を取り出し、熱いうちにアルミホイルで包み、5分おく。
❹　仕上げにレモン汁をかける。

おにぎり弁当

ふわりふわりと軽やかに、
3回を目安ににぎります

身につくコツ

おにぎりのおいしさは、絶妙なにぎり加減にかかっています。口にした途端にほろりとくずれる、ほどよいやわらかさが命。目安は、ふわふわと3回くらいでにぎり終えること。そして、もうひとつ大切なのが塩加減。目安は、100gのご飯に対して塩ひとつまみ（約1g）ですが、これに関しては、スポーツをしたあとに食べるのなら、塩はややきつめに。デスクワークなら少し少なめにするなど、食べる相手、シチュエーションによって変えてもいいでしょう。そして、最近は食中毒の問題などもあり、素手でにぎることが心配な方もいるかもしれません。そんな場合は、オーブンシートを使うのもおすすめ。ラップよりもよれにくく、ご飯粒がくっつきにくいので扱いやすいのです。

手の中で転がす感覚で
やさしくにぎって。

基本の塩にぎり

材料（4個分）
炊いたご飯　350g（1合分）
塩　小さじ½〜1

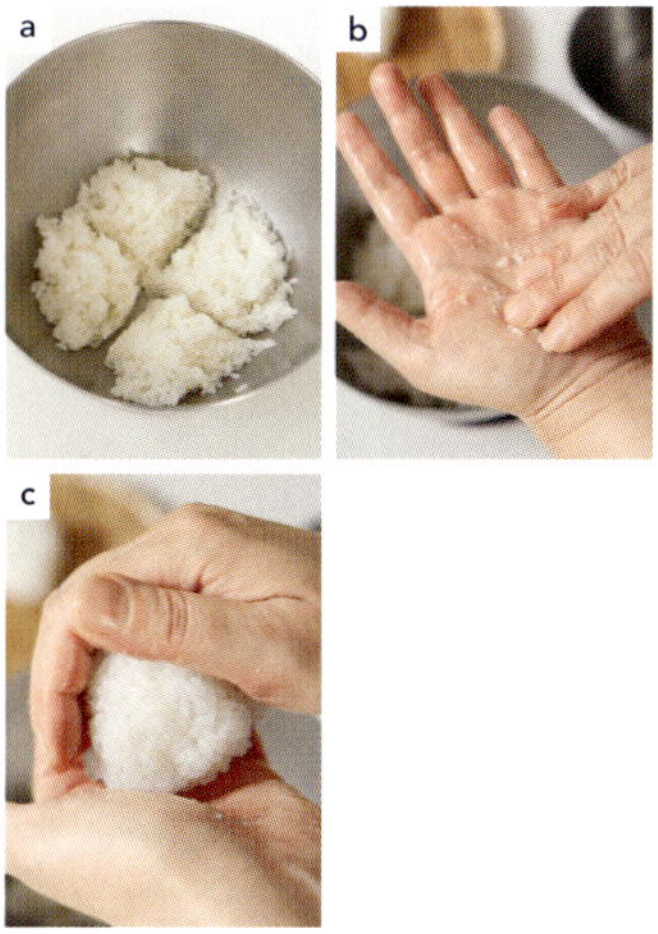

❶　ご飯を4等分に分ける。（a）
❷　手を濡らし、塩の¼量を手のひらに広げる。（b）
❸　ご飯を手のひらにのせ、3回手の中で転がすようにして形作る。（c）
❹　仕上げに軽く形を整える。

玉ねぎのシャキシャキ歯ざわりが、
手作りならではのツナマヨです。

ツナ玉ねぎのおにぎり

材料（4個分）

炊いたご飯　350g

A

ツナ（水煮）　1缶（80g）
玉ねぎの粗みじん切り　¼個分
塩　ふたつまみ
マヨネーズ　大さじ1

❶　玉ねぎは水に5分ほどさらす。ザルにあげ、キッチンペーパー2枚で包むようにして水気をしっかり取り除く。
❷　ツナは汁気を切る。ボウルに**A**を入れて混ぜ合わせる。
❸　ご飯の¼量を手のひらにのせ、中央に②の¼量をのせてにぎる。

おにぎりの王道・梅おかか。
ペーストにして、より食べやすく。

梅おかかのおにぎり

材料（4個分）

炊いたご飯　350g

A

梅干し　2個
かつおぶし　ひとつかみ
しょうゆ　小さじ2

❶　梅干しは種を取り除いて包丁でたたいてペースト状にする。
❷　ボウルに**A**を入れて混ぜ合わせる。
❸　ご飯の¼量を手のひらにのせ、中央に②の¼量をのせてにぎる。

オリーブオイルが香る、
ちょっと洋風のボリュームおにぎり。

ベーコンと小松菜のおにぎり

材料（4個分）
炊いたご飯　350g
ベーコン（ブロック）　80g
小松菜　1茎
しょうゆ　小さじ2
オリーブオイル　小さじ1

❶　ベーコンは0.8mm程度の角切りにする。小松菜はざく切りにする。
❷　フライパンにオリーブオイルとベーコンを入れて中火で熱し、小松菜を茎、葉の順に炒める。しょうゆを回しかけてひと混ぜする。
❸　ボウルにご飯、②を入れ、全体をさっくりと混ぜ合わせる。
❹　¼量ずつに分けてにぎる。

海と山のおいしいものを、
仲良くおにぎりにしました。

鮭ごまわかめのおにぎり

材料（4個分）
炊いたご飯　350g
焼き鮭（甘塩）　切り身1枚
白いりごま　小さじ1
わかめ（乾燥）　ふたつまみ
しょうゆ　小さじ1

❶　鮭は骨と皮を取り除いて身をほぐす。わかめはたっぷりの水に浸してやわらかく戻し、水気を絞って細かく刻む。
❷　ボウルに鮭としょうゆを入れて混ぜる。ご飯、白ごま、わかめを加え、全体をさっくりと混ぜ合わせる。
❸　¼量ずつに分けてにぎる。

卵

卵のおかずは名脇役。
ひとつあるだけで、安心感があります。
さらにうれしいのは、火が通りやすいため
調理時間が短く、アレンジ自在なところ。
基本の卵焼きと煮卵をマスターすれば、
バリエーションが広がります。

卵焼き

卵のおいしさをしっかりと味わうには、
だしではなく、
「水」を使うのが正解でした。
卵1個で作る場合は、
卵を混ぜすぎないこと。
それが、ふんわり仕上げるコツです。

砂糖とみりんで、甘さを前に。
やさしい味にホッとします。

甘い卵焼き

材料（1人分）

卵（Lサイズ）　1個
水、砂糖　各小さじ1
みりん　小さじ½
塩　ひとつまみ
サラダ油　小さじ2

しょうゆと砂糖でほんのり甘辛。
ふんわり軽い卵焼き。

基本の卵焼き

材料（1人分）

卵（Lサイズ）　1個
水　大さじ1弱
砂糖、しょうゆ　各小さじ½
サラダ油　小さじ2

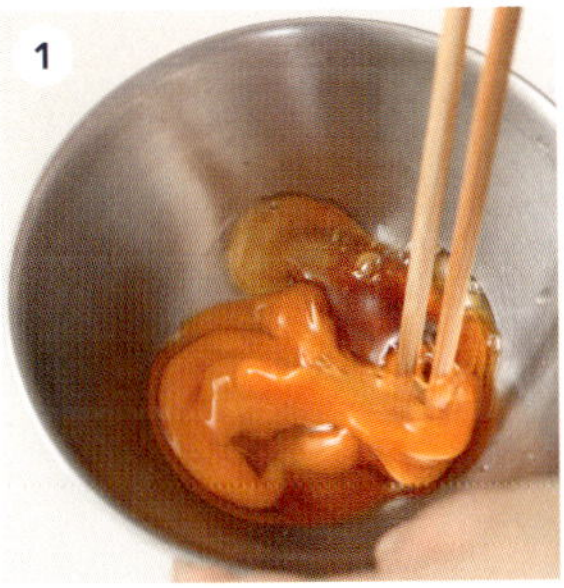

1
油以外の材料をボウルに入れ、さっくりと混ぜ合わせる。ある程度混ざったらよしとし、卵液を切りすぎないこと。

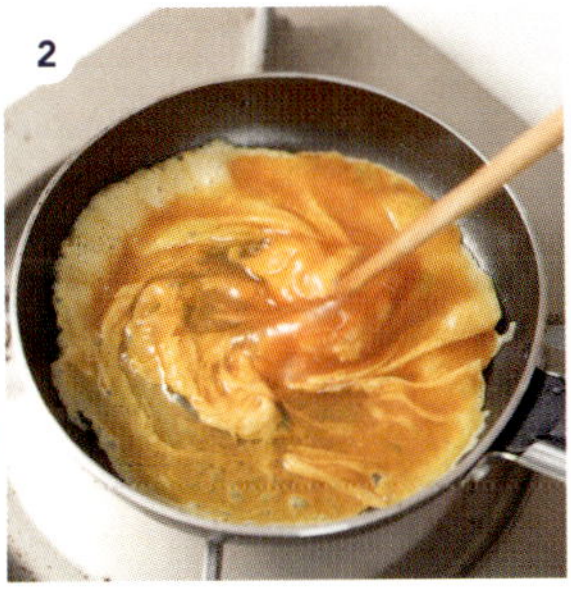

2
フライパンに油をひき、中火で熱して油をなじませる。余分な油をキッチンペーパーでふき取り、①の卵液の半量を流し入れ、菜箸で大きく混ぜる。

3
フライパンを傾けながら、手前に折りたたみ、オムレツ状に形作る。

4
②の油を吸ったペーパーを使って再びフライパンに油を塗り、残りの卵液を流し入れる。

5
菜箸で卵焼きを持ち上げ、卵焼きの下まで卵液を流し入れる。

6
菜箸で半熟状になるまで大きく混ぜ、③の手順と同様に形作る。

明太子の卵焼き

わかめの卵焼き

大葉の卵焼き

ハムチーズの卵焼き

しらすの卵焼き
青ねぎの卵焼き
ほうれん草の卵焼き
ゆかりの卵焼き

明太子のほどよい塩気がアクセント。

明太子の卵焼き

材料（1人分）

卵（Lサイズ）　1個
水　大さじ1
明太子（ほぐしたもの）　小さじ1
サラダ油　小さじ2

❶　油以外の材料を混ぜ合わせ、基本の卵焼きと同様の手順で焼く。

わかめの食感が、味わいのポイントに。

わかめの卵焼き

材料（1人分）

卵（Lサイズ）　1個
水　大さじ1
砂糖、しょうゆ　各小さじ½
わかめ（乾燥）　小さじ½
サラダ油　小さじ2

❶　わかめはたっぷりの水に浸してやわらかく戻し、細かく切って水気を絞る。油以外の材料を混ぜ合わせ、基本の卵焼きと同様の手順で焼く。

せん切り大葉が、さわやかに香ります。

大葉の卵焼き

材料（1人分）

卵（Lサイズ）　1個
水　大さじ1
砂糖、しょうゆ　各小さじ½
大葉のせん切り　1枚分
サラダ油　小さじ2

❶　油以外の材料を混ぜ合わせ、基本の卵焼きと同様の手順で焼く。

ちょっと洋風。オムレツ感覚の卵焼き。

ハムチーズの卵焼き

材料（1人分）

卵（Lサイズ）　1個
水　大さじ1
ハム　薄切り1枚
シュレッドチーズ　ひとつまみ
サラダ油　小さじ2

❶　ハムは短冊切りにする。油以外の材料を混ぜ合わせ、基本の卵焼きと同様の手順で焼く。

塩気が絶妙な、ご飯に合う卵焼き。

しらすの卵焼き

材料（1人分）
卵（Lサイズ）　1個
水　大さじ1
砂糖、しょうゆ　各小さじ½
しらす　小さじ½
サラダ油　小さじ2

❶　油以外の材料を混ぜ合わせ、基本の卵焼きと同様の手順で焼く。

ねぎの香りがふわりと広がります。

青ねぎの卵焼き

材料（1人分）
卵（Lサイズ）　1個
水　大さじ1
砂糖、しょうゆ　各小さじ½
青ねぎの小口切り　4cm分
サラダ油　小さじ2

❶　油以外の材料を混ぜ合わせ、基本の卵焼きと同様の手順で焼く。

野菜不足のときには、青菜を入れて。

ほうれん草の卵焼き

材料（1人分）
卵（Lサイズ）　1個
水　大さじ1
砂糖、しょうゆ　各小さじ½
ゆでたほうれん草　1茎分
サラダ油　小さじ2

❶　ほうれん草は4cm長さに切る。油以外の材料を混ぜ合わせ、基本の卵焼きと同様の手順で焼く。

甘い卵に、ゆかりの風味を効かせて。

ゆかりの卵焼き

材料（1人分）
卵（Lサイズ）　1個
水　大さじ1
砂糖　小さじ1
ゆかり　ひとつまみ
サラダ油　小さじ2

❶　油以外の材料を混ぜ合わせ、基本の卵焼きと同様の手順で焼く。

煮卵

まるでお店みたいな煮卵は、
コツさえわかれば実に簡単。
漬け汁が温かいものは6分ゆで、
冷たいものに漬けるなら、
8分ゆでを使って。

殻がつるんとむける方法を
マスターしましょう。

基本のゆで卵

材料（作りやすい分量）

卵（Lサイズ）　4個

卵は冷蔵庫から出し、1時間ほど置いて常温に戻す。

殻のおしり側に画びょうなどで穴を開ける。

鍋にたっぷりの湯を沸かし、卵をそっと入れる。黄身が中央にくるようにヘラなどでしばらく転がす。半熟なら6分、やや半熟なら8分、固ゆでなら10分ゆでる。

冷水にとり、殻全体に細かなヒビを入れてから、おしり側からむく。

ゆで時間
6分

ゆで時間
8分

ゆで時間
10分

漬け込むほどに、昆布のうまみが染み込む。

基本の煮卵

材料（作りやすい分量）

ゆで卵（6分ゆで）　4個

A

昆布　3cm角1枚
しょうゆ　50ml
砂糖、みりん　各大さじ½
水　大さじ2

❶　昆布は表面をふく。

❷　鍋に**A**を入れて中火にかけ、沸いたら弱火にしてゆで卵を加える。まんべんなく味が入るように転がしながら2分煮る。粗熱が取れたら、調味料ごとポリ袋に入れ、冷蔵庫で6時間以上漬ける。

ほんのりスパイシーな煮卵です。

カレー卵

材料（作りやすい分量）

ゆで卵（8分ゆで）　4個

A｜しょうがの薄切り　½かけ分
　｜しょうゆ　大さじ3
　｜砂糖、酒　各大さじ1
　｜カレー粉　小さじ1

❶　**A**を鍋に入れて中火にかけ、砂糖が溶けたら火を止めて冷ます。ゆで卵とポリ袋に入れ、冷蔵庫で1日漬ける。

みそ味は、食べごたえがほしいときに。

みそ漬け卵

材料（作りやすい分量）

ゆで卵（8分ゆで）　4個

みそ　50g

酒、みりん　各大さじ2

砂糖　小さじ1

❶　鍋に酒とみりんを入れ、中火にかけて1分ほど沸かしてアルコール分を飛ばす。粗熱が取れたら、みそと砂糖を加えて混ぜる。ゆで卵とポリ袋に入れ、冷蔵庫で1～2日漬ける。

保存の目安

基本の煮卵：作った日から冷蔵庫で3日間

酢卵：作った日から冷蔵庫で4日間

オイスターしょうゆ卵：作った日から冷蔵庫で4日間

塩卵：作った日から冷蔵庫で3日間

カレー卵：作った日から冷蔵庫で4日間

みそ漬け卵：作った日から冷蔵庫で4日間

ほのかな酸味があとを引くおいしさ。

酢卵

材料（作りやすい分量）

ゆで卵（8分ゆで）　4個

A｜しょうゆ　50ml　　酢　25ml
　｜砂糖、酒　各大さじ½

❶　**A**を鍋に入れて中火にかけ、砂糖が溶けたら火を止めて冷ます。ゆで卵とポリ袋に入れ、冷蔵庫で3時間以上漬ける。

オイスターソースのおかげで
コクと風味がプラス。

オイスターしょうゆ卵

材料（作りやすい分量）

ゆで卵（8分ゆで）　4個

A｜酒　大さじ2
　｜しょうゆ、みりん　各大さじ1
　｜オイスターソース　大さじ½

❶　**A**を鍋に入れて中火にかけ、沸いたら火を止めて冷ます。ゆで卵とポリ袋に入れ、冷蔵庫で一晩漬ける。

卵そのもののおいしさを楽しむ。

塩卵

材料（作りやすい分量）

ゆで卵（6分ゆで）　4個

水　200ml　　塩　小さじ1

❶　鍋に水と塩を入れ、中火にかける。塩が溶けたらゆで卵を加え、2分ゆでる。粗熱が取れたら、塩水ごとポリ袋に入れ、冷蔵庫で6時間以上漬ける。

ご飯

お弁当では脇役に回りがちなご飯を、
ときには主役に。
炊き込みご飯や、混ぜご飯のお弁当は、
おかずにちょっぴり手を抜いても、
ちゃんと形になるのがうれしいのです。

炊き込みご飯

お弁当の炊き込みご飯は、手軽が一番。だし汁は使わず、〝だしが出る素材〟を選んで仕上げます。和風から洋風まで、お好みで。

ベーコンとまいたけの炊き込みご飯

鶏とごぼうの炊き込みご飯

にんじんとツナの炊き込みご飯

切り干し大根の炊き込みご飯

ごぼうと鶏、そして昆布。
だしが出る素材だけを炊き込みました。

鶏とごぼうの炊き込みご飯

材料（作りやすい分量）

米　2合
鶏もも肉　80g
ごぼう　⅔本（80g）
昆布　3cm角1枚

A
酒、みりん　各大さじ2
しょうゆ　大さじ1½

❶ 米はといでザルにあげる。

❷ 鶏もも肉は1.5cm角程度に切る。ごぼうは太めのささがきにして、酢水（分量外）に5分程度さらし、水気をきる。

❸ 炊飯器の内釜に米と**A**、昆布を入れ、いつもの水加減にし、②の具材を上にのせて炊く。

ベーコンのほどよい脂と、
シャキシャキまいたけがいいコンビ。

ベーコンとまいたけの炊き込みご飯

材料（作りやすい分量）

米　2合
ベーコン　80g
まいたけ　80g

A
オリーブオイル　小さじ2
しょうゆ　大さじ1½
黒こしょう　少々

❶ 米はといでザルにあげる。

❷ ベーコンは1.2cm幅に切り、まいたけは根元を切り落としてひと口大に切る。

❸ 炊飯器の内釜に米と**A**を入れ、いつもの水加減にし、②の具材を上にのせて炊く。

乾物ならではの滋味深さ。
食物繊維たっぷりだからダイエットにも。

切り干し大根の炊き込みご飯

材料（作りやすい分量）

米　2合
切り干し大根　5g
酒　大さじ2
塩　小さじ1½

❶　米はといでザルにあげる。
❷　切り干し大根はボウルに水を入れて、洗う。水を替え、再度洗って水気を絞り、5cm長さ程度に切る。
❸　炊飯器の内釜に米を入れ、いつもの水加減にし、塩と酒を加え、②の切り干し大根を上にのせて炊く。

ツナは炊き込むとくさみが出るので、
炊き上がりに混ぜ込みます。

にんじんとツナの炊き込みご飯

材料（作りやすい分量）

米　2合
にんじん　⅓本
ツナ缶（水煮）　1缶（80g）
塩　小さじ1½
オリーブオイル　小さじ2

❶　米はといでザルにあげる。
❷　にんじんはみじん切りにする。
❸　炊飯器の内釜にツナ以外の材料を入れ、いつもの水加減で炊く。
❹　炊き上がったら、汁気をきったツナを混ぜ込む。

混ぜご飯

混ぜご飯に使う具材は、傷みを防ぐためにも、汁気のないものが向いています。混ぜるときは手早くさっくりと、がポイントです。

ゆかりの香りと青菜の
歯ざわりが軽やかです。

青菜、ゆかりの混ぜご飯

材料（1人分）
炊いたご飯　180g
小松菜　1茎
ゆかり　ふたつまみ
しょうゆ　小さじ1
オリーブオイル　小さじ2

❶　小松菜は5mm長さに切る。
❷　フライパンにオリーブオイルを入れて中火にかけ、小松菜をさっと炒め、しょうゆを回しかけて火を止める。
❸　ご飯に②とゆかりをさっくりと混ぜる。

パステルカラーのコロコロ具材。
味つけは塩におまかせのお手軽さ。

枝豆チーズの混ぜご飯

材料（1人分）
炊いたご飯　180g
枝豆（ゆでてさやから出したもの）
30g
プロセスチーズ　30g
塩　ふたつまみ

❶　枝豆に塩をまぶす。プロセスチーズは枝豆と同じくらいのサイズに切る。
❷　ご飯に①をさっくりと混ぜる。

暑い時季には、
梅干しの酸味を効かせて、さっぱりと。

みょうが、きゅうり、梅の混ぜご飯

材料（1人分）
炊いたご飯　180g
みょうが　1個
きゅうり　½本
梅干し　1個

❶　みょうがときゅうりは粗みじん切りにする。梅干しは種を取り除いて包丁で軽くたたく。
❷　ご飯に①をさっくりと混ぜる。

食欲を誘う味の決め手は、
仕上げに加えるごま油。

じゃこと大葉の混ぜご飯

材料（1人分）
炊いたご飯　180g
ちりめんじゃこ　10g
大葉　2枚
ごま油　小さじ1

❶　大葉はせん切りにする。
❷　ご飯に①とじゃこ、ごま油をさっくりと混ぜる。

副菜

肉か魚を使った主菜とバランスをとるために、
副菜は野菜を中心に考えます。
まずは、手をかけることなく
野菜のおいしさを味わえる簡単なレシピを。
さらに、忙しい朝には詰めるだけでＯＫの、
便利な常備菜を紹介します。

ゆでて和える

野菜をゆでて、
オイルや食材と和えるだけ。
味つけのパターンを覚えておけば、
より手軽に副菜の一品が完成します。
ストックしたゆで野菜を使えば、
さらに時短に。

野菜のゆで方

野菜は、鍋に500mlの湯を沸かし、塩小さじ1を入れてゆでる。
ザルにあげて水気をきる。ゆで野菜の保存期間は冷蔵庫で2日程度。（共通）

葉野菜

【小松菜、菜の花、ほうれん草など】1束

葉の部分を手に持ったまま湯に根元から入れ、30秒ゆでる。手を離して葉の部分も入れて30秒ゆでたら冷水にとって冷ます。水気をよく絞る。

＊ほうれん草は、根元を10秒、葉を10秒、やや短めに。アクを抜くために流水にとる。

【キャベツ、白菜など】5〜6枚分

芯と葉の部分を大まかに分け、ひと口大に切る。芯の部分を30秒ほどゆでたあと、葉の部分も入れ、30秒ほどゆでる。

根菜

【にんじん】1本分

食べやすい大きさに切ってゆでる。5mm幅の細切りなら2分が目安。

【ごぼう】1本分

皮をたわしなどでよく洗って食べやすい大きさに切り、水に5分ほどさらす。5cm長さの4つ割りで2分がゆで時間の目安。

【れんこん】1節＝約100g分

皮をむき、食べやすい大きさに切り、酢水に5分ほどさらす。ひと口大の乱切りなら5分ほどゆでる。

【じゃがいも、里いも】中2個＝約100g分

皮つきのままよく洗い、かぶるほどの湯でゆでる（塩は不要）。10〜15分ゆで、竹串がすっと通ったらザルにあげ、熱いうちに皮をむく。

その他の野菜

【アスパラガス】中4本分

かたい根元を手で折り（自然に折れたところが根元のかたい部分）、やわらかい部分だけを4〜5cm長さに切る。先に根元側の太い部分、続いて穂先の順に湯に加えてゆでる。ゆで時間はトータルで1分ほど。

【いんげん】10本分

かたそうなら筋を取る。ゆで時間は40秒〜1分ほど。

【ブロッコリー】1株分

小房に分ける。沸かした湯に塩小さじ1と砂糖小さじ½を加え、1分30秒〜2分ゆでる。

＊ゆでると色が悪くなりがちなブロッコリーは、砂糖を加えることで色鮮やかにゆで上がる。

【きのこ】1パック100g分

小房に分ける。エリンギの場合は長さを半分に切り、薄切りにする。沸かした湯に塩小さじ1とオリーブオイル（またはごま油など好みの油）小さじ½を加え、15〜20秒ゆでる。

＊きのこはパサつきやすいため、油を入れてゆでるとよい。
＊えのきだけの場合は石づきを落として30秒ゆでる。

【もやし】1袋分

水洗いしてザルにあげ、水気をきる。沸かした湯に塩小さじ1と酢小さじ½を加え、10秒ゆでる。

＊酢を入れるともやし特有のくさみが抑えられ、白くきれいにゆで上がる。

青菜を上手にゆでられたら、
あとはしょうゆで十分おいしい。

小松菜のおひたし

材料（1人分）
ゆでた小松菜　2茎分
しょうゆ　小さじ1

❶　小松菜を5cm長さに切ってボウルに入れ、しょうゆで和える。

少しのからしが、
味を引き締めます。

アスパラガスの おひたし

材料（1人分）
ゆでたアスパラガス　3～4本分
しょうゆ　小さじ1½
からし　少々

❶　ボウルにしょうゆとからしを入れて溶き、アスパラガスを加えて和える。

いつものおひたしに、
のりを散らして風味を添えて。

ブロッコリーと のりのおひたし

材料（1人分）
ゆでたブロッコリー　4～5房
焼きのり　⅛枚
しょうゆ　小さじ1

❶　ブロッコリーをボウルに入れ、しょうゆを加えて和える。ちぎったのりを加えてさらに和える。

どんな野菜とも合う
ベーシックな味つけです。

ほうれん草のごま和え

材料（1人分）

ゆでたほうれん草　2茎分

A

しょうゆ、みりん　各小さじ1
白いりごま　小さじ½

❶　ほうれん草を5cm長さに切ってボウルに入れ、**A**を加えて和える。

ほどよい酸味とごまの香りに、
箸が止まらなくなります。

キャベツのごま和え

材料（1人分）

ゆでたキャベツ（ざく切り）　2〜3枚分

A

しょうゆ　小さじ1
酢　小さじ½
白すりごま　小さじ1

❶　キャベツをボウルに入れ、**A**を加えて和える。

風味の強い黒ごまは、
甘みをきかせるとまとまりやすい。

にんじんのごま和え

材料（1人分）

ゆでたにんじん（5mm幅の細切り）
¼本分

A

しょうゆ　小さじ1
砂糖　小さじ½
黒すりごま　小さじ½

❶　ボウルに**A**を入れてよく混ぜ合わせ、にんじんを加えて和える。

しみじみおいしい、
ご飯のお供にぴったりの味わい。

ごぼうのおかか和え

材料（1人分）
ゆでたごぼう（5cm長さの4つ割り）
　⅓本分
A
　しょうゆ　小さじ1
　みりん　小さじ½
　かつおぶし　ひとつまみ

❶　ごぼうをボウルに入れ、**A**を加えて和える。

オクラの粘りが、梅とおかかを
ひとつにまとめてまろやかに。

オクラの梅おかか和え

材料（1人分）
オクラ　3～4本
梅干し　½個（または練り梅小さじ1）
しょうゆ　小さじ½
かつおぶし　ひとつまみ

❶　軽く水洗いしたオクラに塩をまぶし、まな板の上で両手で転がすようにしてうぶ毛を取る。沸かした湯500mlに塩小さじ1を加え、塩がついたままのオクラを40秒ほどゆでる。ザルにあげて水気をきる。ヘタを切り落とし、斜め切りにする。
❷　梅干しは種を取り除き、包丁で叩いてペースト状にする。ボウルに入れ、しょうゆと混ぜる。
❸　②にオクラとかつおぶしを加え、和える。

ひとつまみのかつおぶしで、
うまみが数段アップします。

いんげんのおかか和え

材料（1人分）
ゆでたいんげん　5～6本
A
しょうゆ、みりん　各小さじ1
かつおぶし　ひとつまみ

❶　いんげんを斜め切りにしてボウルに入れ、**A**を加えて和える。

ツナを調味料代わりに使った、
簡単レシピです。

ブロッコリーのツナ和え

材料（1人分）

ゆでたブロッコリー　¼株分

A

ツナ（水煮）　½缶（40g）
オリーブオイル　大さじ1
しょうゆ　少々

❶ ツナは汁気をきる。

❷ ボウルに**A**を合わせ、ブロッコリーを加えて和える。

マスタードとマヨネーズを使った、
サラダ感覚の和えものです。

菜の花のツナ和え

材料（1人分）

ゆでた菜の花　4茎分

A

ツナ（水煮）　½缶（40g）
マヨネーズ　大さじ1
粒マスタード　小さじ1
黒こしょう　少々

❶ ツナは汁気をきる。

❷ ボウルに**A**を合わせ、5～6cm長さに切った菜の花を加えて和える。

里いもはゆでたてのほくほくを和えると、味がよりしっかり入ります。

里いもの明太マヨ和え

材料（1人分）
ゆでた里いも　2個分
A
明太子（ほぐした状態で）　大さじ½
マヨネーズ　大さじ1
レモンの搾り汁　小さじ1

❶　ボウルに**A**を合わせて混ぜ、皮をむいた里いもを8等分程度に切ったものを加えて和える。

ほどよく水気を吸う役割も期待して、わかめは乾燥のまま加えます。

れんこんの明太オイル和え

材料（1人分）
ゆでたれんこん（乱切り）　80g
わかめ（乾燥）　2g
A
レモンの搾り汁　小さじ2
しょうゆ　小さじ1
明太子（ほぐした状態で）　大さじ½

❶　ボウルに**A**を合わせ、わかめとれんこんを加えて和える。

ラディッシュはさっとゆでると、
辛みが和らぎます。

ラディッシュの塩昆布和え

材料（1人分）

ラディッシュ　4個

A

塩昆布　ひとつまみ
しょうゆ　小さじ1

❶ ラディッシュの葉は少し残して切り落とす。沸かした湯500mlに塩小さじ1を加え、1分ほどゆでる。ザルにあげ、水気をきる。4等分のくし形に切る。

❷ ①をボウルに入れ、**A**を加えて和える。

ごま油をひとふりすれば、
その風味でいっそう味わい深くなります。

キャベツの塩昆布和え

材料（1人分）
ゆでたキャベツ（ざく切り）　2～3枚
A
塩昆布　ひとつまみ
しょうゆ　小さじ1
酢　小さじ½
ごま油　小さじ½

❶　キャベツをボウルに入れ、**A**を加えて和える。

うまみのかたまり塩昆布が
味に奥行きを出してくれます。

小松菜の塩昆布和え

材料（1人分）
ゆでた小松菜　2茎分
A
塩昆布　ひとつまみ
しょうゆ　小さじ½

❶　小松菜を4～5cm長さに切ってボウルに入れ、**A**を加えて和える。

しょうがの辛みがアクセントになる、
あっさりナムル。

もやしとわかめの ナムル

材料（1人分）
ゆでたもやし　1カップ分
わかめ（乾燥）　ひとつまみ
A
しょうがの搾り汁　½かけ分
しょうゆ　小さじ1
ごま油　小さじ½

❶　わかめはたっぷりの水に浸してやわらかく戻し、水気を絞って食べやすい大きさに切る。
❷　もやしとわかめをボウルに入れ、**A**を加えて和える。

ちくわを入れてボリュームアップ。
主菜がちょっとさみしいときに。

豆苗ちくわナムル

材料（1人分）
豆苗　⅓袋分
ちくわ　½本
A
塩　ふたつまみ
しょうゆ　小さじ1
ごま油　小さじ1½

❶　豆苗は根を切り落とす。沸かした湯500mlに塩小さじ1を加え、さっとくぐらせる。ザルにあげて水気をきり、⅓の長さに切る。
❷　ちくわは斜め切りにし、さっとゆでて水気をきる。
❸　①と②をボウルに入れ、**A**を加えて和える。

にんにくをほんのり効かせた、
ご飯がすすむおかずです。

えのきとのりのナムル

材料（1人分）
ゆでたえのきだけ　½袋分（100g）
焼きのり　⅛枚
A
にんにくのすりおろし　少々
しょうゆ　小さじ½
塩　ひとつまみ
ごま油　小さじ1

❶　えのきだけは長さを半分程度に切ってボウルに入れ、**A**を加えて和える。ちぎったのりを加え、さらに和える。

旬のベビーコーンが手に入ったらぜひ。
あと引く味わいに驚きます。

ベビーコーンの
にんにくじょうゆ和え

材料（1人分）
ベビーコーン　3～4本
にんにくじょうゆ　小さじ1

❶　沸かした湯500mlに塩小さじ1を加え、ベビーコーンを入れ、30秒ほどゆでてザルにあげて水気をきる。
❷　ボウルに斜め切りにしたベビーコーンを入れ、にんにくじょうゆを加えて和える。

にんにくじょうゆ

材料（作りやすい分量）
にんにく1玉、しょうゆ1カップ、砂糖、酒各大さじ1

❶　にんにくは皮をむいて洗い、キッチンペーパーで表面をふいて乾かしておく。保存容器（ガラス瓶など）は煮沸消毒する。
❷　保存容器にしょうゆ、砂糖、酒を入れてよく混ぜる。①のにんにくを入れ、冷蔵庫で保存する。1～2週間ほどおいて味をなじませる。
＊冷蔵庫で1～2カ月保存可。使い終わったあとのにんにくは、炒め物に使うとよい。

キャベツの甘みを、
にんにくじょうゆが絶妙に引き出します。

キャベツの にんにくじょうゆ和え

材料（1人分）

ゆでたキャベツ（ざく切り）
　2～3 枚分

A

　にんにくじょうゆ　小さじ 1
　オリーブオイル　少々

❶　ボウルにキャベツを入れ、**A**を加えて和える。

にんにくじょうゆさえあれば、
淡白なきのこが満足感あるひと品に。

エリンギの にんにくじょうゆ和え

材料（1人分）

ゆでたエリンギ　½パック分
にんにくじょうゆ　小さじ½

❶　ボウルにエリンギを入れ、にんにくじょうゆを加えて和える。

塩もみして和える

塩もみ野菜があれば、
お弁当作りで
「もう一品」というときに大助かり。
少しの風味を足すだけで
箸休めの副菜が完成します。

野菜の塩もみの方法

野菜は食べやすい大きさに切り、野菜の重量の 1.2 ～ 1.5% の塩をもみ込む。
20 ～ 30 分おいて出てきた水分を絞る。（共通）

塩もみに適した切り方例

きゅうり

5mm 幅の細切り
2mm 厚さの輪切り

にんじん

5mm 幅の細切り
2～3mm厚さのいちょう切り

大根

1cm 角の拍子木切り
3～ 4mm 厚さのいちょう切り

キャベツ

3～ 5mm 幅の細切り
3cm 角のざく切り

かぶ

5mm 厚さのいちょう切り
8等分のくし形切り

ズッキーニ

8mm 角の拍子木切り
2mm 厚さの半月切り

オイルを替えれば、味わいも一新。
オリーブオイルでやわらかに。

きゅうりのゆかり和え

材料（1人分）
塩もみきゅうり（輪切り）　50g
A
ゆかり　ひとつまみ
オリーブオイル　小さじ½

❶　ボウルにきゅうりを入れ、**A**を加えて和える。

ゆかりとキャベツの塩気を、
ごま油の香りでなじませて。

キャベツのゆかり和え

材料（1人分）
塩もみキャベツ（ざく切り）　50g
A
ゆかり　ひとつまみ
ごま油　小さじ½

❶　ボウルにキャベツを入れ、**A**を加えて和える。

**ゆずの香りいっぱいの塩もみ大根。
皮までむだなく使います。**

大根のゆず和え

材料（1人分）
塩もみ大根（拍子木切り）　50g
ゆずの搾り汁　½個分
ゆず皮のせん切り　3cm 角1 枚分

❶　ボウルに大根を入れ、ゆずの搾り汁と皮を加えて和える。

**ぱりぱりのズッキーニは、
塩とレモンでシャッキリと。**

ズッキーニのレモン和え

材料（1人分）
塩もみズッキーニ（半月切り）　50g
レモンの搾り汁　小さじ2

❶　ボウルにズッキーニを入れ、レモンの搾り汁を加えて和える。

コールスロー感覚で味わえる、
甘酸っぱいシャキシャキ白菜。

白菜の酢和え

材料（1人分）

塩もみ白菜（小さめのざく切り）　50g

A

酢　大さじ1
砂糖　小さじ2
オリーブオイル　小さじ1

❶　ボウルに白菜を入れ、**A**を加えて和える。

オリーブオイルでマリネした、
かぶの甘さ引き立つ和えもの。

かぶの酢和え

材料（1人分）

塩もみかぶ（くし形切り）　50g

A

酢、砂糖　各小さじ1
オリーブオイル　小さじ½

❶　ボウルにかぶを入れ、**A**を加えて和える。

色鮮やかな華やかおかず。
紅大根がなければ、普通の大根でも。

紅大根のオイル和え

材料（1人分）
紅大根の塩もみ（いちょう切り）　50g
A
オリーブオイル　小さじ1
柑橘（レモンなど）の搾り汁　小さじ2

❶　ボウルに紅大根を入れ、**A**を加えて和える。

塩もみ野菜さえあれば、
ごま油ひとつでここまでおいしい。

にんじんのオイル和え

材料（1人分）
塩もみにんじん（細切り）　50g
ごま油　小さじ1

❶　ボウルににんじんを入れ、ごま油を加えて和える。

野菜炒め

時間が経ってから食べる
お弁当の野菜炒めは、
はじめに油を全体にまとわせることが
おいしさの秘訣。
油でコーティングしてから
調味料を加えれば、
余分な水分も出にくくなります。

ピーマンのほろ苦さと、
じゃこの香ばしさを味わって。

ピーマンじゃこ炒め

材料（1人分）
ピーマン　1個
ちりめんじゃこ　小さじ1
酒、しょうゆ　各小さじ½
サラダ油　小さじ1

❶　ピーマンは乱切りにする。
❷　フライパンに油を入れて中火で熱し、ピーマンを炒める。全体に油が回ったら、酒、ちりめんじゃこ、しょうゆの順に加えて炒め合わせる。

甘酸っぱいパプリカは、
オリーブオイルで香りよく炒めます。

パプリカ炒め

材料（1人分）
パプリカ（赤・黄など）
　合わせて½個分
塩　ふたつまみ
こしょう　少々
オリーブオイル　小さじ1

❶　パプリカは縦半分に切り、1cm幅に切る。
❷　フライパンにオリーブオイルを入れて中火で熱し、パプリカを炒める。全体に油が回ったら、塩、こしょうで味つけし、少し焼き色がつくまでさらに炒める。

水の出やすいもやしは、
強火で一気に火を通すのがコツ。

もやしベーコン炒め

材料（1人分）
もやし　½袋
ベーコン（スライス）　2枚
塩　ひとつまみ
しょうゆ　小さじ1
サラダ油　小さじ1

❶　もやしはさっと洗ってザルにあげる。ベーコンは1cm幅に切る。
❷　フライパンに油を入れて中火で熱し、ベーコンを炒める。ベーコンの脂が出てきたら①のもやしと塩を加えて強火にし、一気に炒める。鍋肌からしょうゆを回し入れ、香りがたったらひと混ぜし、火を止める。

少しの塩が、にんじんの甘さを
いっそう引き立てます。

にんじん塩炒め

材料（1人分）
にんじん　⅓本
酒　小さじ2
塩　ふたつまみ
ごま油　小さじ1

❶　にんじんは3mm厚さの半月切りにする。
❷　フライパンにごま油を入れて中火で熱し、にんじんを炒める。全体に油が回ったら、酒、塩を加えてひと混ぜする。

しいたけとちくわ、
うま味ある食材を一緒に炒めました。

ちくわとしいたけ バターじょうゆ炒め

材料（1人分）
ちくわ　½本
しいたけ　1枚
しょうゆ　小さじ1
バター　小さじ2

❶　ちくわは斜め薄切りにする。しいたけは軸を切り落とし、薄切りにする。
❷　フライパンにバターを入れて中火で熱し、①を炒める。全体に油が回ったら、鍋肌からしょうゆを回しかけ、少し焦がすように焼く。

セロリのシャキシャキ感と
さわやかな香りを楽しんで。

セロリ塩炒め

材料（1人分）
セロリ　¼本
酒　大さじ1
塩　小さじ½
オリーブオイル　小さじ2

❶　セロリは筋を取り、5mm幅の斜め切りにする。
❷　フライパンにオリーブオイルを入れて中火で熱し、セロリを炒める。全体に油が回ったら、酒、塩を加えて手早く炒め合わせる。

ご飯がどんどんすすむ、
しっとり甘辛みそ味です。

なすみそ炒め

材料（1人分）
なす　1本
A
みそ　小さじ2
砂糖　小さじ1
酒　大さじ½
塩　ひとつまみ
サラダ油　小さじ2

❶　なすは乱切りにする。**A**を合わせておく。
❷　フライパンに油と塩を入れて中火で熱し、なすを炒める。なすがしんなりしてきたら合わせた**A**を加えて炒め合わせる。

なすは塩を入れた油で炒めると、
おいしさをぐっと引き出せます。

なすしょうゆ炒め

材料（1人分）
なす　1本
塩　ひとつまみ
しょうゆ、酒　各大さじ½
ごま油　小さじ2

❶　なすは縦半分に切ってから、5mm幅程度の斜め切りにする。
❷　フライパンにごま油と塩を入れて中火で熱し、なすを炒める。全体に油が回ったら、しょうゆ、酒を加え、なすがしんなりするまで炒める。

ガーリックオイルで、
いつものきのこをペペロンチーノ風に。

しめじガーリック炒め

材料（1人分）
しめじ　½パック（50g）
にんにく　½かけ
しょうゆ　小さじ1
塩　ひとつまみ
オリーブオイル　小さじ2

❶ しめじは石づきを落とし、ほぐす。にんにくは皮をむいて包丁の背でつぶし、芽を取り除く。
❷ フライパンにオリーブオイルとにんにくを入れ、弱火にかける。香りがたったら、しめじと塩を加えて炒め、しんなりしたら鍋肌からしょうゆを回しかけて香りがたつまでひと炒めする。

さわやかな辛みをアクセントにした、
食感を楽しむきのこ炒め。

エリンギゆずこしょう炒め

材料（1人分）
エリンギ　1本
ゆずこしょう　少々
酒　大さじ½
塩　ひとつまみ
サラダ油　小さじ2

❶ エリンギは長さを半分にし、5mm厚さの食べやすい大きさに切る。ゆずこしょうは酒で溶く。
❷ フライパンに油を入れて中火で熱し、エリンギを炒める。しんなりしたら、塩をふり、酒で溶いたゆずこしょうをからめる。

ポテトサラダ

ポテトサラダは時間とともに
出てくるお弁当の汁気を吸ってくれる、
頼れるおかず。
最初にしっかりと塩を入れると、
マヨネーズなど他の調味料が
少なめでも味が決まります。

マヨネーズは少なめ。
オリーブオイルと酢を加えたさっぱり味。

シンプルポテトサラダ

材料（作りやすい分量）
じゃがいも　中2個
玉ねぎの薄切り　⅛個分
にんじんのいちょう切り　¼本分
A
酢、マヨネーズ、オリーブオイル　各大さじ1
塩　小さじ½

❶　玉ねぎは塩ひとつまみ（分量外）をまぶして塩もみする。
❷　鍋に皮つきのじゃがいもとかぶるくらいの水を入れ、中火にかける。沸いたら10～15分、途中でにんじんを加え、竹串が中まですっと刺さる程度のやわらかさになるまでゆでてザルにあげる。
❸　②のじゃがいもは、芽や緑色になっている所を取り除きながら熱いうちに皮をむいてボウルに入れ、粗くつぶす。
❹　③にゆであがった②のにんじん、**A**を加えて和える。仕上げに水気を絞った①の玉ねぎを混ぜ合わせる。

“皮つき丸ごと”ゆで上げるのが、
ほくほくおいしい秘密です。

マッシュポテト

材料（作りやすい分量）
じゃがいも　中2個
塩　小さじ½
こしょう　少々
オリーブオイル　大さじ1

❶　鍋に皮つきのじゃがいもとかぶるくらいの水を入れ、中火にかける。沸いたら10～15分、竹串が中まですっと刺さる程度のやわらかさになるまでゆでてザルにあげる。
❷　①のじゃがいもは、芽や緑色になっている所を取り除きながら熱いうちに皮をむいてボウルに入れ、つぶす。塩、こしょうをしてオリーブオイルを和える。

かぼちゃと香ばしい炒め玉ねぎ、
ふたつの甘さを味わって。

かぼちゃサラダ

材料（作りやすい分量）

かぼちゃ　½個
玉ねぎの薄切り　¼個分

A

| 酢　大さじ1
| 塩　小さじ½

オリーブオイル　大さじ1

❶　かぼちゃはひと口大に切り、火が通りやすいようにところどころ皮をむく。皮面を下にして鍋に入れ、かぼちゃの高さ半分程度まで水を注ぎ、中火にかける。沸いたらふたをして、竹串がすっと刺さる程度まで蒸し煮にする。

❷　①をボウルに入れてつぶし、**A**を加えて和える。

❸　①の鍋をさっと洗い、オリーブオイルを入れて中火で熱する。玉ねぎを加えて香ばしい香りがするまで炒め、②のボウルに加えて全体を和える。

ほんのり酸味を効かせれば、
さつまいもの甘みが軽やかに。

さつまいもマッシュ

材料（作りやすい分量）

さつまいも　1本(200g)

A

酢、オリーブオイル　各大さじ1

塩　小さじ½

❶　さつまいもは皮をむいて3cm厚さ程度の輪切りにし、たっぷりの水に5分ほどさらし、水気をきる。鍋にさつまいもを入れ、ひたひたの水を加えて中火にかける。竹串がすっと通る程度までやわらかく煮たらザルにあげる。

❷　①をボウルに入れ、フォークなどでしっかりとつぶす。

❸　②のボウルに**A**を加えて混ぜ合わせる。

同じ頃に旬を迎えるもの同士を、
和風ポテサラに仕上げました。

里いもとねぎのサラダ

材料（作りやすい分量）

里いも　2個(200g)

長ねぎ　10cm

塩　ふたつまみ

しょうゆ　小さじ1½

ごま油　大さじ1

❶　鍋に皮つきの里いもとかぶるくらいの水を入れ、中火にかける。沸いたら10～15分ゆで、ザルにあげる。熱いうちに皮をむき、ボウルに入れてフォークなどで粗くつぶして塩をふる。

❷　長ねぎは、斜め薄切りにする。フライパンにごま油を入れて中火で熱し、長ねぎを炒める。長ねぎがしんなりしたら、しょうゆを加え、全体をなじませる。

❸　①のボウルに②を加えて、さっくりと混ぜ合わせる。

常備菜

まとめて作っておくと、何かと助かる常備菜。
冷蔵庫に2品もあれば、
お弁当作りの心強い味方になります。
日持ちを考えて、ややしっかり味に仕上げました。

オリーブオイルとしょうゆで仕上げた、
すっきり味です。

ひじき煮

材料（作りやすい分量）
ひじき（乾燥） 50g
玉ねぎ ½個
しょうゆ 大さじ3
水 1カップ
オリーブオイル 大さじ1

❶ ひじきはたっぷりの水に浸して戻す。何度か水を替えて洗い、ザルにあげて水気をきる。
❷ 玉ねぎは薄切りにする。
❸ 鍋に①としょうゆ、水を入れて弱火にかける。沸いたら②を加え、中弱火にして煮る。
❹ 玉ねぎが透き通ってきたら火を止め、オリーブオイルを加えてひと混ぜする。

こんにゃくはちぎって凹凸を出し、
味を染み込みやすくします。

ピリ辛こんにゃく

材料（作りやすい分量）
こんにゃく　2枚（400g）
赤唐辛子　1本
しょうゆ　大さじ2
A
砂糖　大さじ3
酒　大さじ2
水　300ml
オリーブオイル　大さじ1½

❶　こんにゃくはひと口大にちぎる。赤唐辛子は種を取り除き、輪切りにする。
❷　鍋にオリーブオイルを入れて中火で熱し、赤唐辛子を炒め、続けてこんにゃくを炒める。全体がなじんだら、しょうゆを加えて炒める。しょうゆがなじんだら**A**を加え、汁気がなくなるまで炒め煮にし、火を止め、そのままおいて味をなじませる。

ごま油で香ばしく炒め、
炒りつけながら味をしっかり入れます。

きんぴらごぼう

材料（作りやすい分量）
ごぼう　2本（300g）
にんじん　½本
ごま油　大さじ1
酒　大さじ3
A
みりん、しょうゆ　各大さじ3
砂糖　大さじ1
赤唐辛子（種を除く）　1本

❶　にんじんとごぼうはマッチ棒程度の大きさに切る。
❷　フライパンにごま油を入れて中火で熱し、ごぼうとにんじんを炒める。酒を加えて炒め、**A**を加えて汁気がほぼなくなるくらいまで炒める。

中火を保ちながら、おいしさを
凝縮するイメージで煮詰めます。

しぐれ煮

材料（作りやすい分量）

牛こま切れ肉　100g
しいたけ　100g
ごぼう　30cm（80g）
しょうがのせん切り　30g

A

酒　大さじ4
しょうゆ、みりん　各大さじ2
砂糖　大さじ1½
水　80ml

❶ しいたけは石づきを落とし、薄切りにする。ごぼうはささがきにして5分水にさらし、水気をきる。

❷ 牛肉は食べやすい大きさに切り、熱湯にさっとくぐらせて、ザルにあげて水気をきる。

❸ **A**を鍋に入れて中火にかけ、沸いたらごぼうを加えて煮る。汁気が半分程度になったら、牛肉としいたけ、しょうがを加える。牛肉に調味料の色が入ったら、さらに3分ほど汁気を煮詰める。

**ちょっぴり時間はかかるけれど、
作業自体はとても簡単。**

金時豆煮

材料（作りやすい分量）
金時豆（乾燥）　200g
砂糖　200g

❶　金時豆はさっと洗い、かぶるほどの水に一晩浸す。
❷　①を水ごと大きめの鍋に移し、弱火にかける。水面から豆が出ないように、時々、水を足しながら40分～1時間ほど煮る。
❸　豆が手でつぶせるほどやわらかくなったら、砂糖を加えて10分ほど煮て、全体に味をなじませる。

梅干しは万能調味料。火を通すうちに酸味がまろやかさに変わります。

れんこん梅煮

材料（作りやすい分量）
れんこん　250g
A
梅干し　2個
酒　大さじ1
塩　小さじ½
水　300ml
ごま油　小さじ1

❶ れんこんは皮をむき、乱切りにする。
❷ 鍋にごま油を入れて中火で熱し、①を炒める。
❸ 油が回ったら**A**を加え、汁気が少し残る程度まで炒め煮にする。

たっぷりのレモンで、
さわやかな味わいに仕上げます。

さつまいものレモン煮

材料（作りやすい分量）

さつまいも　300g
レモン（国産）　小1個
塩　小さじ1強(3g)
砂糖　60g
サラダ油　大さじ1
水　300ml

❶　さつまいもは皮付きのまま1.5cm厚さの輪切りにする。軽く洗ってたっぷりの水に5分ほど浸し、アク抜きする。レモンは洗って皮ごと薄切りにする。

❷　鍋に油を入れて中火で熱し、水気をきったさつまいもを入れ、塩をふって炒める。

❸　油が回ったら、水とレモンを加える。沸いたらふたをして、火を弱めて5分ほど煮る。砂糖を加えてさらに5分ほど煮る。

炒めてから煮ることで、
煮崩れしにくく、味もよく染み込みます。

かぼちゃ煮

材料（作りやすい分量）

かぼちゃ　½個（300g）

A

- 砂糖　大さじ2
- 酒、みりん　各大さじ1½

しょうゆ　大さじ½

水　適量

サラダ油　小さじ1

❶　かぼちゃはひと口大に切り、火が通りやすいようにところどころ皮をむく。鍋に油を入れて中火で熱し、かぼちゃを軽く炒める。ひたひたの水を加えて煮る。

❷　①の煮汁が半分くらいになったら、**A**を加えて弱めの中火にし、ふたをして5分ほど煮る。

❸　しょうゆを加え、さらに3分ほど煮る。

昆布のうまみと塩だけで、
あっさり味わうシンプルな煮もの。

里いもの白煮

材料（作りやすい分量）

里いも　450g

昆布　3cm角1枚

水　400ml

酒　大さじ2

塩　小さじ1

❶　昆布は表面をさっとふき、分量の水に5分ほどつける。

❷　鍋に皮つきの里いもとかぶるくらいの水（分量外）を入れ、中火にかける。沸いたら5分ゆでて、ザルにあげる。熱いうちに皮をむいてひと口大に切る。

❸　さっと洗った②の鍋に①を入れ、酒と塩を加えて火にかける。沸いたら②の里いもを入れ、弱めの中火で竹串がすっと通るまでやわらかく煮る。

にんじんの甘さを
シンプルに味わえる一品です。

にんじんのしょうが煮

材料（作りやすい分量）

にんじん　300g
しょうがの薄切り　1½かけ分
塩　小さじ1強
サラダ油　大さじ1
水　220ml

❶ にんじんは乱切りにする。
❷ 鍋に油を入れて中火で熱し、にんじんを入れ、塩をふって炒める。
❸ 油が回ったら、水としょうがを入れる。沸いたらふたをして、弱火で5分ほど、煮汁が半分以下になるまで煮る。

調味料を吸ったおかかを、
にんじんにからませて。

にんじんのおかか煮

材料（作りやすい分量）

にんじん　350g
水　200ml
A
しょうゆ、みりん　各大さじ2
砂糖　小さじ2
かつおぶし　3g

❶ にんじんは乱切りにする。鍋に水とにんじんを入れ、中火にかけてやわらかくなるまで煮る。
❷ **A**を加え、さらに2〜3分煮る。仕上げにかつおぶしを加え、ひと混ぜする。

オイルでまろやかにマリネして、
2種の辛みで引き締めます。

きのこのゆずこしょう マリネ

材料（作りやすい分量）

しめじ、えのきだけ、しいたけ　各50g

A

- 赤唐辛子の輪切り　1本分
- 塩　ふたつまみ
- ゆずこしょう　少々
- オリーブオイル　大さじ2

❶　きのこはそれぞれ石づきを落とし、えのきだけは長さを2等分に、しいたけは薄切りにする。しめじはほぐす。たっぷりの湯でさっとゆで、ザルにあげて水気をきる。

❷　ボウルに**A**を混ぜ合わせ、①を加えて和える。

果肉のしっかりした夏みかんで作る、
お弁当向きのさわやかマリネ。

大根ときゅうり、夏みかんのマリネ

材料（作りやすい分量）

大根　3cm
きゅうり　½本
夏みかん　½個
塩　小さじ1
黒こしょう　少々
オリーブオイル　小さじ1

❶　大根ときゅうりは太めの短冊切りにする。それぞれに塩を半量ずつもみ込み、10分ほどおいて、出てきた水分を絞る。夏みかんは薄皮をむく。

❷　①をボウルに入れ、こしょう、オリーブオイルを加えて和える。

晴れの日

毎日のお弁当作りをマスターすれば、
晴れの日の特別なお弁当も、
手軽に作れるようになります。
ハードルが高そうに見えるメニューだって、
実は今まで作ってきたレシピを、
ほんの少しアレンジするだけでいいのです。

**いつものおかずをたくさん散らして、
野菜いっぱい華やかお寿司。**

野菜寿司

材料（4人分）
米　2合

【甘酢】
酢　大さじ1½
梅酢　大さじ1（なければ酢でも）
砂糖　大さじ2
塩　小さじ1

【具材】
・にんじんの塩もみ（p.93参照）
⇒にんじん（細切り）20g分
・かぶの酢和え（p.96参照）
⇒半量で作る　＊ここでは「あやめ雪かぶ」を使用
・ほうれん草のおひたし（p.78参照）
⇒小松菜をほうれん草に替え、
半量で作る
・紅大根のオイル和え（p.97参照）
⇒半量で作る
・菜の花のツナ和え（p.84参照）
⇒全量を使用
・卵そぼろ（p.27参照）
⇒全量を使用

❶　米は洗い、ザルにあげる。炊飯器の内釜に入れ、いつもより少なめの水加減でややかために炊く。
❷　甘酢の材料を小鍋に入れ、弱火にかける。砂糖が溶けたら火を止め、粗熱を取る。
❸　大きなボウルに炊いたご飯を入れ、②の甘酢をさっくりと混ぜる。
❹　お重に③の酢飯をよそい、具材を適量ずつ彩りよくのせる。

ズッキーニとツナで、洋風に。
ごまを効かせればキンパが完成。

のり巻き2種

材料（4人分）
焼きのり　4枚
炊いたご飯　約530g分（米1.5合分）
白ごま　小さじ½
ごま油　適量

【キンパ風】
・牛丼の具（p.44参照）
⇒全量を使用
・ほうれん草のごま和え（p.80参照）
⇒半量で作る
・にんじんのオイル和え（p.97参照）
⇒¼量で作る

【ツナマヨ巻き】
・基本の卵焼き（p.57参照）
⇒より細長く焼き上げる
・ツナ玉ねぎ（p.52参照）
⇒⅓量を使う
・ズッキーニの塩もみ（p.93参照）
⇒細切りにしたズッキーニ⅓本分を塩もみして水気を絞る

❶　ご飯は半量分に白ごまをさっくりと混ぜ込む。
❷　キンパ風のり巻きを作る。巻きすにのりをおき、ごま油を塗る。①のご飯の半量を向こう側2cmほど残して薄く広げる。
❸　手前3cmぐらいの位置に具材の半量を一列に並べる。指で具材を押さえながら巻く。同様にもう1本作る。
❹　ツナマヨ巻きを作る。卵焼きは1cm角の縦長になるように切る。巻きすにのりをおき、残りのご飯の半量を広げ、キンパ同様に具材の半量を並べて巻く。同様にもう1本作る。
❺　食べやすい長さに切り分ける。

梅の混ぜご飯を使えば、すし酢いらず。
もう一品は甘辛ひじきで。

いなり寿司

材料（8個分）
油揚げ　4枚
昆布　3cm角1枚
水　150ml
A
　砂糖　大さじ1½
　しょうゆ、みりん　各大さじ1

【ひじきご飯】
・炊いたご飯　180g
・ひじき煮（p.109参照）
　⇒玉ねぎの代わりににんじん（⅓本）で作る。大さじ2を使用

【みょうが、きゅうり、梅の混ぜご飯】
・みょうが、きゅうり、梅の混ぜご飯（p.73参照）
　⇒全量を使用

❶　昆布は表面をさっとふき、分量の水に5分ほど浸す。
❷　油揚げの上で菜箸を転がし、開きやすくする。横半分に切り、ザルに並べて上から熱湯を回しかけ、油抜きする。
❸　鍋に①を入れ、中火にかける。沸いたら**A**と油揚げを加え、汁気がなくなるまで煮る。そのまま冷まし、味を含ませる。
❹　ご飯とひじき煮をさっくり混ぜてひじきご飯を作る。
❺　④のひじきご飯、みょうが、きゅうり、梅の混ぜご飯をそれぞれ4等分にして軽く丸める。
❻　油揚げを開いて袋状にし⑤を詰める。

ベトナム風サンドイッチ、
実はおなじみのおかずで作れるのです。

バインミー

材料（4人分）
バゲット　1本
【マスタードマヨネーズ】
マヨネーズ　大さじ1
粒マスタード　小さじ1

【具材】
・豚肉のナンプラー炒め
⇒ p.43の「豚しょうが焼き」を、しょうゆの代わりにナンプラーで作る。全量を使用
・にんじんの和えもの
⇒ p.81の「にんじんのごま和え」をせん切り／ごまなしで作る。全量を使用
・大根のゆず和え（p.95 参照）
⇒せん切りで作る。全量を使用
大葉、パクチーのざく切り　各適量

❶　バゲットは長さ4等分に切ってから、横に切り込みを入れ、マスタードマヨネーズを塗る。
❷　①のバゲットに具材を等分に挟む。

角《すみ》田《だ》真《ま》秀《ほ》

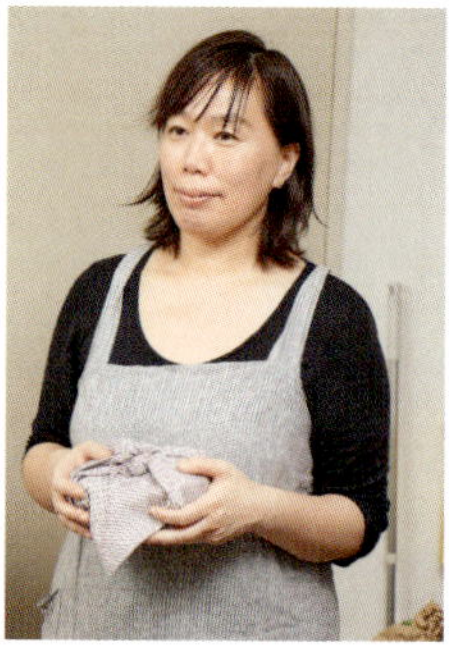

東京・九段下で料理店を営む両親のもとで育つ。美術大学卒業後、販売業を経て、料理の道へ。カフェの立ち上げや、実家の店を父母とともに切り盛りするなどの経験を積み、夫とケータリングユニット「すみや」をスタート。旬の食材を使った家庭的なお弁当で人気となる。「普通の料理。だからこそ、心に届く料理」が評判を呼び、雑誌や書籍をはじめ、ワークショップなど活躍の場を広げている。

http://sumiya-nikki.blogspot.com

料理が身につくお弁当

定番おかずを手際よくおいしく作るコツ

2019年3月27日　第1版第1刷発行

著　者　角田真秀
発行者　清水卓智
発行所　株式会社ＰＨＰエディターズ・グループ
〒135-0061 江東区豊洲 5-6-52
☎ 03-6204-2931
http://www.peg.co.jp/
発売元　株式会社 PHP 研究所
東京本部　〒135-8137 江東区豊洲 5-6-52
普及部　☎ 03-3520-9630
京都本部　〒601-8411 京都市南区西九条北ノ内町 11
PHP INTERFACE　https://www.php.co.jp/

写真　今清水隆宏
デザイン　福間優子
スタイリング　朴玲愛
取材・原稿　福山雅美
調理補助　石塚香織、淺原純、角田和彦
DTP　小林亮

撮影協力
バーミキュラ／愛知ドビー株式会社（P68-69）

印刷・製本所　凸版印刷株式会社

ISBN978-4-569-84232-5